FACULTÉ DE DROIT DE RENNES.

THÈSE

POUR

LE DOCTORAT

Présentée et soutenue le mardi 4 août 1874, à sept heures du matin,

PAR

M. Eugène FILATRE DE LONGCHAMPS,

Né à Fougères, le 14 juin 1852,

Avocat stagiaire à la Cour de Rennes.

EXAMINATEURS :

MM. BODIN, doyen; ÉON, WORMS, professeurs; MARIE, GARNIER, agrégés, chargés de cours.

RENNES

OBERTHUR ET FILS, IMPRIMEURS DE L'ACADÉMIE

1874

A MON PÈRE & A MA MÈRE

A MES AMIS

DU JEU A ROME

DES BOURSES DE COMMERCE

ET

OPÉRATIONS DE BOURSE

EN FRANCE

DU JEU A ROME.

PROLÉGOMÈNES.

« Lusus est peractam facti delectabilis quandoque virtutis gratia parati, quandoque lucri, quandoque voluptatis tantum cessatio a negotiis (1). » Telle est la définition que tous les jurisconsultes appliquent au jeu, envisagé comme délassement ou passe-temps.

Considéré comme contrat, il apparaît à leurs yeux sous la figure d'une convention par laquelle celui qui perd consent à donner quelque chose à celui qui gagne pour l'indemniser des risques qu'il a courus de perdre dans une lutte où les chances se balancent par une égale incertitude. Le gagnant ne donne rien à la place de ce qu'il a reçu et néanmoins il ne reçoit pas le gain à titre gratuit, il le reçoit comme prix du risque auquel il était exposé d'en donner autant s'il eût perdu (2). La nature du contrat de jeu est donc d'être aléatoire, intéressé de part et d'autre.

Le jeu, pour toutes les législations, est de trois sortes : d'adresse, de pur hasard ou mixte.

Le premier est celui qui a pour but de développer certaines facultés du corps et de l'esprit, quoique le hasard puisse y jouer un certain rôle, puisqu'il est toujours possible qu'une influence étrangère vienne détruire les suppositions

(1) Caccialupus, *de ludo.*

(2) Pothier, *Jeu*, n° 1.

les mieux fondées; cependant on l'appelle d'adresse, parce que la plus large part y est donnée aux facultés du corps ou de l'esprit. Le jeu de pur hasard est entièrement subordonné aux caprices de la fortune, son issue est incertaine ; quelle direction prendra la roue sur laquelle gravite, au dire des poètes, la déesse tant adorée? De quel côté se porteront ses regards? Quel sera le joueur favorisé de son sourire? Tout ceci dépend de sa fantaisie. Le jeu mixte est celui dans lequel le succès dépend aussi bien du hasard que de l'adresse, dans lequel il est également impossible de prévoir qui devra l'emporter; tels sont la plupart des jeux de carte (1).

Sous le rapport de la fin que les parties se proposent, on distingue le jeu en jeu désintéressé, qui a lieu lorsqu'on ne joue point d'argent ou même quand les sommes exposées sont modiques, et en jeu intéressé ou gros jeu, qui suppose engagées des sommes considérables, dont la perte est notablement dommageable pour celui qui la subit (2).

Cette division des jeux en espèces diverses offre un intérêt pratique qui se révélera au cours de l'étude que nous devons présenter sur l'histoire et la législation des jeux à Rome.

(1) Id., n° 2.
(2) Id., n° 29.

CHAPITRE I.

Histoire du développement des jeux dans la société romaine.

La course et la lutte fortifièrent l'enfance de Rome naissante, et les dés amusèrent la décrépitude des Romains. GUIZOT.

Introduits en Italie avec les Pénates de Troie, des jeux fameux, tenant à l'adresse et à la vigueur du corps, occupèrent l'enfance et l'âge mûr du peuple romain. Combats de rameurs, course, lutte avec le ceste, jeu de l'arc, procurèrent des prix et des palmes aux vainqueurs dans les fêtes publiques. Quelques vers de Virgile (1) retracent avec un charme inimitable ces distractions qu'Enée mit fort en honneur. La palestre, le gymnase chéri des Grecs (2) entrèrent même dans le système d'éducation des jeunes Romains avec la paume et la balle, que César et Octave aimèrent de prédilection (3).

Tous ces exercices étaient considérés comme un noble passe-temps qui développait les forces et entretenait le courage, en même temps qu'il reposait des travaux fatigants de l'esprit et du corps. Célébrés par les grands poètes (4), ils firent longtemps les délices d'une nation éminemment guerrière, et ils furent l'objet de faveurs et d'encouragements constants de la part du législateur.

(1) V. le 5e livre de l'Enéide.
(2) Cicér., *de orat.*, 2, n° 5; Sénèque, *de brevit. vitæ*, 12.
(3) Alex. ab Alex., lib. III. c. 21.
(4) Ovide et Horace.

Mais il arriva qu'au contact de la civilisation relâchée de l'Orient, les jeux de hasard s'introduisirent à leur tour dans les habitudes romaines : les dés surtout remplacèrent ces jeux d'adresse tant honorés quand Rome était grande par ses armes et par ses vertus. On ne vit plus désormais les vainqueurs des jeux publics salués par la foule comme s'ils avaient gagné des batailles, et : « Sublimes incidentes non per portam, sed per murorum dejectorum ruinas patriam intrantes (1). » Mais on put voir les descendants des vainqueurs consacrant le temps des affaires à ces jeux qui, dit Ovide :

Erant ad nostros nôn leve crimen avos.

La démoralisation marchait; les législateurs voulurent résister au mal. Inutiles obstacles ! En vain les préteurs multiplièrent les rigueurs et les peines, en vain voulurent-ils flétrir les joueurs, la société gangrenée riait de leurs efforts ; étaient-ils eux-mêmes à l'abri de tout reproche ? Alors les dés prirent la place du ceste et du javelot dont l'antique jeunesse romaine était si fière; les fils de Romulus confiaient leur fortune et leur honneur aux caprices du sort. Aussi le vieux Caton répétait-il à son fils : « Aleas fuge, » et Cicéron, mettant sur la même ligne le jeu et la débauche, disait : « Omnes aleatores, omnes adulterii, omnes impuri impudicique. »

Vaines critiques. Horace pouvait dire :

..... Nescit equo rudis
Hærere ingenuus puer
Venarique timet, ludere doctior
Seu græco jubeas Trocho,
Seu malis vetita legibus alea (2).

(1) Voet, *Comm. de alcatoribus;* Alexander ab Alexandro, lib. III, c. 21.
(2) Ode 24, lib. III.

Les graves sénateurs eux-mêmes payèrent leur tribut au vice du siècle et Ammien Marcellin nous dit : « Quidam ex his rari aleatorum vocabulum declinant, ideoque se volunt appellari Tesserarii inter quos tantum differt quantum inter fures et latrones. » Tel devint le Sénat de Rome. Tels les successeurs de ces vieux Romains qui se faisaient tuer sur leurs siéges curules, et parmi ceux-là étaient rares ceux qui mettaient leur pudeur à être appelés *Tesserarii* et non *aleatores*. Voleurs ou larrons, dit le critique.

En vain la muse effarouchée de tant de bruit mêlait sa voix irritée et menaçante au concert des moralistes :

Ludus enim genuit trepidum certamen et iras
Ira truces inimitias et funebre bellum.

Le philosophe et le poète n'avaient plus d'échos, leur atrium était vide, mais la maison d'Antoine était pleine de joueurs : « Erat domus aleatoribus referta, » et même, s'écrie Cicéron : « Ille legit judices aleatores... Oh confessum judicium præclarum ! » Des joueurs parmi les juges !

Et les grands donnaient l'exemple ; car la loi impuissante, la vieille loi romaine, devenue courtisane, ne cherchait même pas à les atteindre :

Turpe et adulterium alea turpis mediocribus : hac eadem illi
Omnia quum faciant, hilares nitidique vocantur.

La République était tombée et avec elle la grandeur et la vertu de Rome. Cicéron avait poussé le cri d'alarme ; les empereurs allaient multiplier et accumuler les lois contre ces jeux dont ils faisaient leur occupation habituelle. Suétone nous apprend que, tandis que le jeu n'était permis que pendant les Saturnales : « At postquam decembri mense, aliis quoque festis profestisque diebus, » Auguste et Domitien jouaient sans honte toute l'année. Domitien, dit-il : « Quoties otium esset alea se oblectabat etiam pro festis diebus. » Pour Auguste, on disait : « Notatus est ut aleæ indulgens, » et cette épigramme circulait sur lui :

Postquam bis classe victus naves perdidit
Aliquando ut vincat ludit assidue aleam.

Claude, sans doute pour ne pas dérober aux affaires un temps précieux qu'il devait à l'Empire, jouait jusque dans sa litière et même, dit-on, il écrivit un traité des jeux : « Aleam studiosissime ludit, de cujus arte librum quoque emisit solitus etiam in gestatione ludere. » Aussi, d'après Sénèque, tel fut le supplice qu'Eaque aurait imaginé pour lui : « Eacus jubet illum alea ludere pertuso fritillo, et jam cœperat fugientes tesseras semper quærere et nihil proficere. » C'était une variété du supplice des Danaïdes.

Et même, s'il faut en croire les condoléances comiques du valet Hector à son maître, ce Sénèque qui écrivait en si beau style des préceptes si sages, il aurait été joueur lui aussi :

Quand Sénèque écrivit ce chapitre élégant,
Il avait comme vous perdu tout son argent (1).

Après ce rapide exposé du développement des jeux de hasard dans la société romaine et de la corruption qui s'ensuivit, nous passons aux remèdes que le législateur chercha à y apporter.

(1) Regnard, *le Joueur*.

CHAPITRE II.

Législation romaine réglementant le jeu.

> Hoc genus aleatorum in civitate nostra
> et semper damnabitur et semper retinebitur.
> TACITE.

C'est dans les Philippiques (II, 23) que se découvre la trace la plus ancienne des réglements qui parurent contre les jeux de hasard à Rome. Cicéron, en effet, parle d'un certain Licinius Denticula, condamné comme joueur en vertu de dispositions légales, et réhabilité par Antoine, son ami et son complice. La condamnation entraînait donc une note infâme. Quelle loi put être invoquée pour y donner lieu ? Nul n'est capable de l'indiquer avec certitude, et nous ne ferons qu'une supposition en pensant, avec M. Troplong, que ce pouvait être ce sénatus-consulte, rapporté par Paul au Digeste (1), dont la date est elle-même bien difficile à préciser.

Pothier le croit du temps de Septime-Sévère. Mais il n'ose rien affirmer. Il ne juge point impossible qu'il appartienne au règne « de quelqu'un de ses prédécesseurs. » Ce qui est certain, c'est que ce sénatus-consulte défendit de jouer de l'argent à quelque jeu que ce fût, excepté à ceux qui tenaient à l'exercice du corps. Afin de se soustraire à ces rigueurs, les joueurs, nous apprend Plaute, employèrent des lupins, argentum comicum, en guise d'écus, sans méconnaître... quid distant æra lupinis.

(1) Loi 2, § 1, *de aleat.* « *Senatusconsultum vetuit in pecuniam ludere, præterquam si quis certet hasta vel pilo jaciendo vel currendo, saliendo, luctando, pugnando quod virtutis causa fiat.* »

La prohibition formulée contre les jeux de hasard souffrait deux exceptions. Ainsi, pendant les Saturnales, le jeu était permis à tous :

> Dum blanda vagus alea december
> Incertis sonat hinc et illinc fritillis
> Et ludit popa nequiore talo. *(Martial,* IV, 14.)

Mais, aussitôt que décembre était passé, la défense reprenait son empire et les maisons de jeu, *loca ædilem metuensia,* dit Sénèque, devaient se fermer. L'édile curule était chargé de cette surveillance :

> Et blando male proditus fritillo
> Arcana modo raptus a popina
> Ædilem rogat udus aleator.
> Saturnalia transiere tota. (Id., VI, 84.)

Et, ajoute ailleurs le poète satirique :

> Nec timet ædilem moto spectare fritillo,
> Quum videat gelidos jam prope verna lacus. (Id., XIV, 1.)

La seconde exception nous est rapportée par Cujas : il était, dit-il, permis de jouer son écot dans un festin : « alea non est legibus vetita, dummodo vescendi causa ludatur. » (L. ultim. in pr., D., *de aleat.,)* et dans la loi 4 (D., *eod. tit.*), nous lisons ces mots : « Quod in convivio vescendi causa ponitur, in eam rem *familiæ* (1) ludere permittitur. »

(1) D'après Cujas *(Observ. de aleat.)*, dont l'avis a été suivi par Pothier *(Pand.* et *Traité du jeu,* nº 41, note de l'édition de 1766), il f[illegible]ait remplacer par le mot *alea* le mot *familiæ* qui, disent ces aute[illegible]ne présenterait aucun sens. Toutefois, Favre maintient le texte : Ratio dubitandi non ludunt virtutis causa qui vescendi causa ludunt, sed ut gulæ potius inserviant. . Dec., Honesta causa ludendi est etiam in pecunia, ad vescendum in convivio, cum ea ratione *familiaritas* et concordia inter eos qui *ex eadem familia* sunt melius retineatur, nec possit quantitas pecuniæ in immensum excrescere, nec tam facile rixarum et odii materiam excitare.... » *(Rat. in secund. part. Pand..* lib. XI, tit. V).

Pothier justifie l'exception de la sorte : « La fin qui rend le jeu contraire aux bonnes mœurs, ne se rencontre pas dans ce cas où le prix du jeu ne doit pas entrer dans la poche du gagnant, mais doit être employé au festin. »

La sanction des prohibitions était double : pénale, elle consistait dans une amende ou un emprisonnement : « Aut mulcta mulctetur aleator, aut in lantumias aut in vincla publica ducatur (1). » Civile, elle consistait dans l'obligation pour le gagnant de restituer (2) ce qu'il avait reçu, et pour le perdant dans la faculté de ne pas payer.

Si certaines peines frappaient les joueurs, d'autre part, ceux qui, sans avoir pris part au jeu, l'avaient favorisé ou encouragé, étaient maltraités par la loi. Ainsi, celui qui avait prêté sa maison pour y jouer ne pouvait se plaindre au préteur, si on le battait ou si on le volait, quoique les deux actions fussent accordées aux joueurs eux-mêmes : «Quamvis et hi indigni videantur (3). » « Si quid subtractum erit, dit le préteur, judicium non dabo. » Et dans un autre édit : « Si quis eum apud quem alea lusum esse dicetur, verberaverit, damnumve dederit aut si quid eo tempore, dolo ejus subtractum est, judicium non dabo. » Les motifs de cette disposition sévère nous sont donnés par la loi. (Ult. P. quod quisque juris in alterum statuerit). « Cum ad impediendum hunc ludum, propter frequentiam ejus, non sufficeret prætor ceterique magistratus, singuli ad puniendum aleatorum receptatorem auctoritate publica per edictum prætoris fuerunt armati (4). » Système de répression sans

(1) Nootd, Com., *de aleat.*, lib. VII, c. 77.

(2) Il est à croire, d'après Ascanius Pedanius (*Annotat. sur Cicér.*), que la restitution se faisait dans le très-ancien droit au quadruple.

(3) Ulp., l. 1, § 1, D., *de aleat.* ; Paul, l. 4, § 3, D., *de aleat.*

(4) L. 1, D., *de aleat.*

doute fort économique, mais dangereux dans la pratique. De plus, la maison était vendue aux enchères : « Insuper domus in qua lusum est publicatur. » (Ulpien).

Quant à ceux qui poussaient au jeu, ils étaient encore plus sévèrement atteints : « Ad hoc cogens alterum ad ludendum sive ab initio, sive dum victus victorem retinet, extra ordinem coercendus (1). » Celui qui excite à jouer un fils de famille ou un esclave est tenu de l'action *injures* ou de l'action *servi corrupti*. (L. si quis servum 26, D., *de injuriis*).

On alla même si loin dans la voie des rigueurs que si un joueur avait vendu une des choses qui composaient l'enjeu et qu'il fût ensuite actionné en garantie, il pouvait repousser l'acheteur par une exception dite : « Venditionis in alea contractæ. » N'était-ce pas récompenser le joueur que l'on voulait punir (2) ? Nous avons examiné les dispositions relatives au tiers ; abordons les rapports des joueurs entre eux.

Le sénatus-consulte ancien, qui défendait de jouer de l'argent, avait, nous l'avons déjà vu, fourni à sa prohibition une sanction civile à double face : non seulement il refusait au gagnant une action pour se faire payer ce qu'il aurait gagné, mais il accordait aussi au perdant une action pour répéter ce qu'il aurait payé. En présence des termes de la loi, une question s'offre à nous. Le jeu était-il un contrat ? constituait-il, quoique prohibé, quoique dénué de toute action, ce *vinculum juris* qui est nécessaire pour que le contrat civil existe ?

Perezzi a ainsi répondu à cette interrogation : « Observandum autem est quod quamvis lex civilis alearum lusum

(1) C'était l'amende ou l'emprisonnement, l. 1, § fin., *de aleat.*

(2) L. 5, *filiifamilias*, 2, § 1 ; D., *quarum rer. actio non datur.* — L. 1, *in exceptionibus*, 19, § ult.; D., *de probat.*

prohibet non tamen efficit, nec definit hunc contractum irritum aut nullum, nec prohibet dominium a ludente acquiri, sed solum in pœnam actus illiciti concedit victo soluti repetitionem, non propria auctoritate quum nemo sibi jus dicat sed competentibus actionibus. Unde ante sententiam judicis non obligatur victor restituere quod accepit (nisi malis actibus fuerit usus), quoniam ea res ad pœnam spectat quam nemo subire tenetur etiam in conscientia ante sententiam judicis, sicut quum lex concedit restitutionem in integrum contra præscriptionem vel contractum utrumque impletum (1). »

Nous adoptons pleinement, pour notre part, l'opinion du commentateur; le sénatus-consulte n'a qu'un but, punir le joueur, mais il ne décide aucunement que, dans la volonté exprimée par les joueurs et librement consentie de payer ce qui sera perdu, il n'y a pas un contrat valable; le juge seul, en haine du jeu, dépouillera le contrat de tout effet juridique et en interdira l'exécution ; nous constatons, en effet, que si le perdant avait donné sa parole de payer, il y avait là *justa promissio*, ce qui indique bien que le contrat existait; mais il ne pouvait être contraint de payer : « Frustra enim quis cogitur implere actum statum rescindendum (2). »

Le perdant avait une *condictio* pour répéter ce qu'il a payé (Paul, L. 4, § 3, *de aleat.*), *condictio* par laquelle il n'obtenait plus, comme dans les premiers temps, le quadruple de la somme perdue : « Ex hoc edicto est tantum repetitio in simplum superioribus consequens, et victo datur repetitio ejus quod solvit victori. » Et même l'édit prévoyait le cas où les joueurs auraient voulu éluder les prohibitions

(1) *Confer. Covar. ad peccatum*, p. 2, § 4, n° 8; — Lessius, *de justitia et jure*, lib. II, c. XXVI, dub. 3.

(2) Parladorius, *Rer. quot.*, lib. II, cap. 7, n° 13.

du législateur, en ne jouant pas d'argent : « Aliqui luserunt non apposita pecunia sed appositis lupinis, ea lege ut quot lupini amittantur, pro eis tot reddantur nummi. » La *condictio* accordée au perdant a une origine fort ancienne; il est probable que deux constitutions de Justinien, qui manquent au Digeste, mais dont il est fait mention dans les *Basiliques* et le *Nomocane*, en développaient le but et les effets. L'empereur nous a donné lui-même les motifs de sa rigueur : « Quum quia multi die noctuque ludendo substantias suas perdunt et familiam ad inopiam redigant; tum quia in ludendo perdentes blasphemare Deum conantur et instrumenta ludi conficiant. » Nous comprenons fort bien le premier motif; quant aux derniers, fort respectables sans doute, ne témoignent-ils pas chez l'empereur d'une conscience scrupuleuse et timorée que nous ne lui connaissions pas ?

Le perdant qui avait le droit de répéter ce qu'il avait payé avait aussi le droit de répéter la caution qu'il aurait donnée pour garantir le paiement de l'enjeu.

Cette action en répétition était *famosa* et par conséquent était fort restreinte dans son application : ainsi, quand le fils ou l'affranchi avait perdu en jouant contre le père de famille ou le patron, il ne pouvait avoir contre ces derniers une action directe qui aurait entraîné l'infamie (L. 11, D., § 1, *de dolo malo*). Aussi leur avait-on donné une action *utilis* ou *in factum* (L. 4, § 2, D., *de aleat.*), « laquelle, dit Pothier, sans emporter l'infamie, était aux mêmes fins. » Dans ces actions *in factum* ou *utilis* données contre le père ou le patron, on n'insérait pas dans l'*intentio* les mots « *quod in ea re alea lusum fuerit;* » c'était l'application de cette règle d'Ulpien : « Quibusdam personis non dabitur actio, ut puta liberis vel libertis adversus parentes vel patronos, cum sit famosa, in factum verbis temperandam actionem dandam, ut bonæ fidei mentio fiat. » Le droit de répétition était, quant à ceux qui en pouvaient user, fort étendu : ainsi, il était accordé au père, au maître, aux héritiers du joueur, et même, ce qui concorde bien avec l'idée de peine dont nous parlions, quand le perdant par pudeur ne réclamait pas, l'action compétait au fisc, à l'évêque ou au préfet « *erogaturos recuperata in publicos usus;* » bien plus, elle était, dit-on, donnée aussi à toute personne : « *Vel per quemlibet ex populo inter annos quinquaginta.* » C'était là une prescription toute spéciale introduite par Justinien, et pendant ce long espace, les héritiers du gagnant pouvaient être poursuivis.

Tout ceci avait été établi en haine du jeu et par une dérogation aux principes généraux relatifs à l'irrecevabilité des actions fondées sur une cause dans laquelle *utriusque versabatur turpitudo.* Ecoutons Cujas : « Et est non leve crimen, si quis vetita luserit alea, cujus odio **multa singulariter recepta sunt** ut condictio quasi indebiti competat ei qui victus alea, sciens ultro, solvit id quod in alea amisit, vel, eo cessante; in urbe præfecto urbis, in municipiis primato, aut defensori civitatis aut præsidi provinciæ, ut erogetur ad opera publica. » C'était punir le joueur d'une façon ingénieuse et sensible que d'employer son argent à l'ornement des villes.

Quand un esclave ou un fils de famille avait gagné au jeu, le perdant avait contre le père de famille ou le maître une action *de peculio,* mais cette action n'était pas noxale, car elle n'était pas née d'un délit privé.

Il nous suffit de dire que le perdant, favorisé d'une action, était nécessairement protégé par une exception pour repousser la demande du gagnant : « Certo quo cui damus actionem ad repetendum et si conveniatur multo magis damus exceptionem. » (Loi II, § 1, D.) Telle était la seconde disposition de l'édit.

Justinien, qui a été beaucoup plus loin que le préteur dans ses rigueurs contre le jeu, puisqu'il enlevait au gagnant tout moyen et tout espoir de conserver son gain, réglementa aussi les jeux permis, qu'il prit soin d'énumérer limitativement : « Deinceps vero ordinet quinque ludos *Monobolon, Contomonobolon, Quintanum contacem sine fibula,* et *perichyten* et *hippicen*, quibus sine dolo atque callidis machinationibus ludere permittimus. » Tous ces mots barbares, déclare Voët, désignent des jeux dans lesquels : « Ars dominatur ac de virtute certamen est. » Les lois anciennes n'avaient pas fixé de maximum pour la somme exposée dans un jeu licite, l'empereur limita l'enjeu à un solide, et cela, dit-il, lorsque les joueurs étaient fort riches : « Sed nec permittimus etiam in his ludere ultra unum solidum, *si multum dives sit;* ut si quem vinci contigerit, casum gravem non sustineat. » C'est lui aussi qui, comme nous l'avons vu plus haut, créa pour l'action en répétition une prescription de cinquante ans.

Nous avons parcouru les effets directs du jeu ; il nous reste à examiner rapidement quel doit être le sort des contrats et des opérations accessoires qui pouvaient se rapporter à un jeu ou être nés à son occasion. Pour remplir cette tâche, il faudra mettre à contribution les textes les plus disparates du Digeste et rapprocher des dispositions que séparent des livres entiers.

Il pouvait arriver que des joueurs prévoyants et habiles, pour éluder la loi, eussent pris le soin de stipuler mutuellement le montant de la somme exposée ; en ce cas, le vainqueur pouvait agir *ex stipulatu*, et comme la *condictio incerti* était une action *stricti juris*, il aurait dû, dans la rigueur des principes, obtenir du juge la totalité de sa demande; mais le préteur, déjouant par avance les fraudes qui pouvaient s'abriter sous ces promesses ou sous d'autres combinaisons semblables, avait décidé que la dette de jeu ne pourrait être novée ni cautionnée; il devenait bien évident qu'alors le perdant avait contre l'acheteur agissant par l'*action ex stipulatu* l'exception « *nisi in alea gestum sit.* »

Si, pendant le jeu, un joueur malheureux et à bout de ressources, sinon d'espoir, avait vendu sa maison pour continuer de jouer, il aurait encore pu repousser l'action *ex empto* par la même *exceptio in factum* (Dig., Frag., 2, § 1, *quarum rerum actio non datur*). Nous voyons aussi dans les *Fragmenta vaticana*, n° 266, que si le vendeur avait donné une indemnité, il aurait eu une action pour la répéter.

Certains auteurs anciens, jaloux de leur science et désireux de rencontrer des difficultés, nous pourrions dire d'en créer, ont élevé des objections sur l'application de l'exception donnée au perdant qui avait vendu sa maison ; ils ont dit : toutes les fois que le gagnant agira par l'action *empti*, cette action étant de bonne foi, comment le perdant avait-il besoin de repousser son vainqueur par une exception spéciale? Est-ce que l'exception de dol n'est pas renfermée dans toutes les actions de bonne foi, et celui qui agit à raison d'un fait formellement prohibé par une loi ne commet-il pas un dol? *(C. const. 7, de Agricolis et Censitis).*

Nous ne croyons pas ce raisonnement exact, car il n'y a pas de dol dans le fait de celui qui réclame l'exécution d'un contrat de vente : la vente, quoique née à l'occasion du jeu, n'est pas née directement du jeu prohibé, elle devait être valable; il était donc nécessaire que celui qui voulait profiter des dispositions favorables de l'édit employât une exception dont le but était précisément de repousser toute demande qui eût un rapport quelconque avec le jeu.

Si les joueurs avaient stipulé une clause pénale pour le cas où le perdant se déroberait à ses engagements et refuserait de payer, cette clause pénale était nulle (1) (§ ult., Inst., *de verb. oblig.*). Il pouvait arriver qu'un joueur n'ayant pas d'argent ou ayant perdu tout ce qu'il avait eu, empruntât pour jouer ; quel était dans ce cas le sort du *mutuum* contracté? Était-il valable et protégé par la loi? Celui des joueurs qui avait prêté pouvait-il agir par une *condictio* pour répéter l'argent prêté? Les commentateurs se sont divisés sur cette difficulté. Les uns, dont nous adoptons pleinement la doctrine, ont décidé que le *mutuum* était valable.

Ce système s'appuie sur la loi 3, § 6, D., *de in rem verso* : « Ubi Labeo ait, quod mutuatus servus domino emit volenti, ad luxuriæ materiam, unguenta forte, vel si quid ad delicias, vel si quid ad turpes sumptus subministravit, eo quod non spectamus an bono domini cesserit quod consumptum est an in negotium domini, » et ceux qui l'ont adopté font le raisonnement suivant :

Si un texte spécial a donné une action *de in rem verso* quand l'argent prêté à un esclave a été employé par lui, au profit de son maître, en dépenses honteuses, comment n'accorderait-on pas une action directe, une *condictio ex mutuo*, quand l'argent, sans l'intermédiaire de l'esclave, a été prêté à un joueur?

On cite encore à l'appui de cette thèse la loi (2, § 1, D.,

(1) Confer. Ulpien, L. 2 ; D., *ex condict. ob turp. caus.;* Johan Papon, lib. X, tit. 1, arrêt. in notis et appendice.

quarum rerum actio non datur), dans laquelle on voit qu'une vente contractée au jeu est déclarée valable, puisqu'on refuse à l'acheteur une action en garantie ; ce refus de l'action en garantie eût été inutile si la vente contractée en jouant eût été nulle (1). L'opinion contraire a été soutenue par Groenewgen (2) ; il se fonde sur une loi de Julien (*si quis quum sciret*, 8, D., *pro emptore*) ainsi conçue : « Si quis quum sciret venditorem statim pecuniam consumpturum, servos ab eo emisset, plerique responderunt eum nihilominus bonæ fidei emptorem esse, idque verius est ; quomodo enim mala fide emisse videtur qui a domino emit ? nisi forte et is qui a luxurioso et protinus scortis pecuniam daturo servos emerit, non usucapiet. » Quel est l'argument à tirer de cette loi ? Nous ne le saisissons point, le sens du texte nous semble très-clair ; celui-là, dit-on, est de bonne foi, qui en achetant sait que le vendeur va dissiper aussitôt le prix payé. C'est une décision toute naturelle, et est-il possible, devant ce texte naïf en ses conséquences, de soutenir que celui-là est de mauvaise foi qui achète des esclaves d'un débauché et *protinus pecuniam scortis daturo*.

Rien dans cette loi ne nous semble autoriser une décision contraire à l'équité et aux principes les plus élémentaires du droit. Nous adoptons donc entièrement le système défendu par Voët : « Quod falsum est, dit-il, eo quod sola rei alienæ conscientia, non item pravi corruptique mores, emptorem efficiunt malæ fidei possessorem. » Les commentateurs ont fait remarquer que dans cette décision singulière, le vendeur qui est restitué contre une vente par lui faite ne sera pas forcé de rendre la somme reçue si l'acheteur savait que celui auquel

(1) *Confer. Parladorius rer. quæst.*, lib. II, cap. 7, nos 12-13.— *Carpzovius pratica criminali, part. 3, quæst.* 131, n° 27.— *Berlichius, Decis.*, *66*, n° 6.

(2) *De abrogat. ad Pandect.*, n° 6.

il payait allait la dissiper aussitôt; le même effet se produira contre celui qui a prêté de l'argent à un mineur, si ce dernier l'a aussitôt dépensé (V. Paul, L. *quod si minor*, 24, § *sed et si*, 4, D., de minoribus viginti quinque annis; — Ulpien, L. *si vero*, 12, § *si adolescens*, 5, D., *mandati*).

Il faut donc croire que cette expression, *nisi forte*, origine de toute la controverse, n'a pas pour but de restreindre la disposition générale, mais qu'elle a seulement été placée dans le texte pour donner plus d'énergie à la phrase elle-même. On retrouve cette expression dans Celse (V. Labeo, L. 7, ult. *in fine*, § *de supellectile legata*) (1).

Si c'est un étranger qui a fait le *mutuum* avec un joueur, ce mutuum sera valable, car la loi ne l'a pas prévu.

Si le *mutuum* a été fait par un des joueurs à un autre à l'aide d'une interposition de personnes, suivant l'opinion commune, il n'y aura pas lieu à répétition (2).

Nous avons vu que la caution fournie par un des joueurs pouvait être répétée; la même décision régit les autres garanties données par les joueurs; elles sont nulles. Cette règle n'est écrite nulle part, mais nous la tirons par analogie d'un texte dans lequel nous avons vu accorder à une femme qui intervient pour garantir le droit de répéter son gage (L., *si mulier*, 16, § 1, et loi ult. D., *ad S.-C. Velleianum*) (3).

Malgré l'accumulation de ces lois sévères, le nombre des joueurs allait toujours croissant; la fièvre du jeu envahit jusqu'aux cloîtres. Ainsi une constitution de Léon (87) défendit

(1) *Parladorius rer. quæst.*, lib. II, cap. 7, n° 13.

(2) *Paris de Patheo, Tractat. de ludo*, n° 15, ead., n° 20; — *Caccialupus, de ludo quæst.*; — *Stephanus Costa, de ludo sexto articulo principali;* — *Parladorius, rerum quot.*, lib. II, cap. VII, n° 14; — *Berlichius. Decis*, 66.

(3) *Confer. Statuta antiverpentia*, lib. LIV, art. 20; — *Parladorius*, loc. cit., lib. II, cap. 7; — *Avita Mathæus de actionibus*, lib. II, cap. 17, n° 75.

aux clercs de jouer. Une lettre du même empereur à Stylanus nous montre quels étaient les progrès de ce mal vainement combattu, et Justinien, à son tour, dans sa dernière constitution au Code (de episcopali audientia, §§ 1 et 3), intervint pour défendre le jeu à tout membre du clergé ; peine inutile, si nous en croyons les auteurs.

DES BOURSES ET OPÉRATIONS DE BOURSE

EN FRANCE

L'argent pèse non moins que le fer
dans la balance de l'avenir.

PRÉFACE HISTORIQUE

I.

De grands centres de commerce existèrent dans l'antiquité. Tyr, Alexandrie, Carthage, Corinthe, Rhodes accumulèrent tour-à-tour dans leurs murs les richesses de l'Asie et de l'Afrique et peuplèrent de leurs comptoirs les bords de la Méditerranée. L'obscurité enveloppe les institutions commerciales de ces cités célèbres. L'on peut toutefois affirmer, sans crainte d'erreur, que leurs trafiquants se réunirent en certains lieux pour y conclure les marchés sous la protection de l'autorité publique.

La rapidité et la sûreté nécessaires au trafic ne se conçoivent guère sans un centre commun d'action. La mise en présence, régulière et facilitée par le concours d'agents intermédiaires, de tous les négociants d'une place, c'est le complément indispensable à la négociation des affaires. Car c'est pour les commerçants l'unique moyen de se voir sans perte de temps, d'apprécier la quantité des marchandises, de déterminer à coup sûr leur valeur, de fixer exactement le prix qu'il convient de donner aux achats et ventes à effectuer.

En résumé, les Bourses, à raison de leur utilité, semblent devoir lier leur conception à celle du commerce. Le mot ne fut créé que des siècles plus tard ; mais l'institution fut organisée dès la première série des âges, sous une expression analogue.

II.

Les négociants d'Athènes se rassemblèrent au Pirée. Ceux de Rome occupèrent les galeries des Basiliques, à des moments où le préteur n'y rendait pas la justice. Tite-Live nous apprend qu'une assemblée commerciale fut établie dans la ville romaine, sous le consulat d'Appius Claudius et de Publilius Servilius, en l'an 493 avant l'ère chrétienne (1) : « *Certamen consulibus inciderat uter dedicaret Mercurii ædem. Senatus a se ad populum rem rejecit ; utri eorum dedicatio populi jussu data esset, eum præesse annonæ,* **mercatorum collegium** (2) *instituere, solemnia pro pontifice jussit suscipere.* » L'existence de ce *collegium mercatorum* est confirmée par Cicéron dans un passage d'une lettre à son frère : « *M. Furium Flaccum equitem romanum hominem nequam mercuriales de collegio ejecerunt.* » Les marchands des provinces soumises à la

(1) Liv. II, § 27.

(2) Le lieu où se tenait cette assemblée a été appelé par les Romains modernes *Loggia* (plus tard, place Saint-Georges). De *loggia* dérivent les expressions *Loge de Change* ou *Loge des Marchands*, qui furent usitées autrefois à Lyon et à Marseille.

domination de Rome formèrent également des réunions qui prirent le nom de *Conventus*. Sigonius (1) l'atteste : « *Fuerunt in provinciis* **conventus negotiatorum.** » S'appuyant à ce propos sur l'autorité des Verrines, il ajoute : « *Legi etiam consuevisse* (2) *judices a prætoribus in provinciis ex conventu civium romanorum qui in provincia negotiarentur significat sæpe idem in Verrinis.* » Des statuts particuliers réglementèrent la tenue des associations. Ils purent avoir pour auteurs les commerçants eux-mêmes. Nous ne saurions dire ce que furent les réglements : les documents historiques font complétement défaut. Aussi, dès à présent nous laissons l'histoire d'un passé que l'éloignement des siècles dérobe à l'étude pour arriver à une époque où les faits se précisent sous l'aspect de formes que nous pouvons essayer de tracer.

III.

C'est à Bruges, en Flandre, qu'apparaît pour la première fois la qualification de Bourse. Un écusson, chargé de trois bourses sur le frontispice d'un hôtel à la famille des *Wander-Brousse,* fait l'origine du mot. Sur une place, devant cet hôtel, se tenait la foule des marchands.

Anvers eut de bonne heure une bourse célèbre. Des priviléges, accordés par Jean II, duc de Brabant, en 1325, furent confirmés par le duc Antoine, l'an 1409, et ensuite par Philippe II, roi d'Espagne.

(1) De jure antiq. roman., *de collegiis.*

(2) Dans ces juridictions romaines, l'on peut voir l'origine de ces tribunaux qui furent établis en France pour connaître des différends, à raison de marchandises, assurances, etc., entre commerçants, banquiers, et qui furent appelés *Bourses des Marchands* ou *Bourses communes. Bourses et Conventions des Marchands.* (V. Encyclop., Panckoucke).

La Hollande, ce petit pays si grand par son commerce, ne connaît pas de retard sur les Pays-Bas. Amsterdam et Rotterdam fleurissent presque aussitôt par des bourses importantes.

La reine Elisabeth les organise dans son royaume. La Bourse de Londres reçoit d'elle le nom de *Royal Exchange* (1).

En France, dès le règne de Philippe-le-Bel, les réunions de commerçants furent autorisées, mais sans dénomination propre. Avant le XIIIe siècle, les négociations s'étaient bornées aux marchandises. Au XIIIe, une phase nouvelle se dessine. La lettre de change est en usage (2). Son trafic est le point de départ du négoce des valeurs fiduciaires. Les effets suppléent au numéraire dans les conventions du commerce; les opérations de change s'établissent. Une ordonnance royale de février 1304 porte que le change de Paris aura lieu sur le Grand-Pont, celui qu'on appelle encore Pont-au-Change.

Peu de temps après, le règne des emprunts s'inaugure. Les rois de France font appel au crédit. François Ier établit en 1535 les rentes sur l'Hôtel-de-Ville de Paris. La dette publique va devenir permanente; mais les titres ne sont pas encore négociables.

Une bourse de commerce existait à Lyon. Une ordonnance de Henri II (1549) en établit une à Toulouse. Rouen reçoit la sienne, dite *Convention*, en 1566, par édit de Charles IX.

(1) Le 23 janvier 1561. Un riche particulier, Thomas Gresham, avait conçu et construit cette Bourse à ses frais.

(2) Un statut d'Avignon, datant de 1243, contient un chapitre intitulé *De litteris cambii*. (V. Cours de droit commercial par M. Worms, professeur à la Faculté de Rennes. Titre : *De la lettre de change.*)

A Paris, la réunion du Pont-au-Change finit par s'appeler Bourse et fut successivement transférée dans la grande cour du Palais-de-Justice, dans le jardin de l'hôtel de Soissons (1720), et un arrêt du Conseil d'État (24 septembre 1724) la régularisa en l'installant vis-à-vis l'hôtel de Nevers.

IV.

Henri II et ses successeurs continuent le système des emprunts. Mais souvent on prête au souverain, parce qu'il faut céder à la force (1). Les principaux prêteurs sont les fermiers des impôts. Leurs exactions sur les contribuables les enrichissent; ils procurent au roi l'argent qu'ils ont accaparé et reçoivent en retour des billets ou reconnaissances d'État. Si la caisse est vide quand arrive l'heure du remboursement, les chambres de justice suppléeront à la pénurie du trésor. L'on pendra haut et court au besoin les plus récalcitrants; l'usure des reconnaissances sera constatée et les prêts réduits.

Ces mesures, on le conçoit, étaient peu propres à inspirer la confiance. L'État va cependant avoir de plus en plus besoin d'argent. Les risques de la corde seront de la part des traitants compensés avec les conditions fort onéreuses du prêt.

Malgré les efforts de Sully pour dégager les fonds publics, Louis XIII dut revenir aux constitutions de rentes et la dette publique s'accrut considérablement jusqu'à la mort de Mazarin (1661). Colbert n'aimait pas les emprunts; il

(1) Henri II imposa aux principales villes de France un emprunt forcé au denier douze (environ 8 1/2 p. 0/0). Dans une autre circonstance, en 1553, il défendit tout contrat au-delà de dix livres de rente entre particuliers jusqu'à ce que l'emprunt royal eût été couvert.

n'y eut recours que par nécessité. Les guerres malheureuses de la fin du règne forcèrent les ministres de Louis XIV à multiplier la délivrance des effets royaux.

C'est vers cette époque que se révèle pour la première fois une émission des billets de *compagnies* qui dans quelques années fourniront à la Bourse un développement si considérable dans la circulation des *effets commerçables* (1). Un édit de Louis XIV (déc. 1705), constate dans son préambule les services que rendirent dans cette émission « les agents de change, de banque et de marchandises. » Voici dans quelles circonstances les billets avaient été souscrits. Les besoins de la guerre firent exiger en 1705 que les compagnies ou fermes, qui avaient pris en adjudication les impôts, payassent l'État avant de les avoir reçus. Afin d'obéir aux ordres du roi, les adjudicataires se décidèrent à demander au public contre promesse de remboursement à terme des avances de fonds. Les opérations eurent plein succès et dès lors le commerce et les grandes entreprises connurent une voie puissante d'action.

V.

La Régence, on peut le dire, c'est le règne de la Bourse.

(1) Avant 1789, l'on distingua deux grandes catégories d'effets publics : 1° les effets royaux, ainsi appelés parce qu'ils étaient dus par le roi ou par l'État ; 2° les effets réputes publics, parce qu'ils émanaient de compagnies ou établissements autorisés à emprunter. De tous ces effets, plusieurs ne purent pas se négocier à la Bourse : ceux-ci, tels que les rentes perpétuelles, à cause de leur nature immobilière ; ceux-là, tels que les dettes de pays d'États, à cause de leur forme sur parchemin ou de leur assiette locale qui n'admettaient ni la rapidité, ni la simplicité des négociations usitées à la Bourse. La qualité de ces derniers titres était aussi variée que leur dénomination. On ne négociait à la Bourse que les effets publics au porteur ou transférables par endossement. Les uns et les autres y étaient connus sous le nom d'*effets commerçables*. De ce nombre furent les billets de compagnies (*Mollot*, — Préface).

Une fièvre d'or et de spéculation s'est répandue sur la France entière. L'Ecossais Law a rêvé une aventure gigantesque : rue Quincampoix, son papier-monnaie, ses actions font fureur. L'engouement n'a pas de frein. Mais le désenchantement n'en est que plus complet lorsque les mines du Mississipi apparaissent au fond du tableau comme un sombre mythe. La banque sombre, les valeurs fiduciaires sont réduites à néant. L'agiotage dont elles ont fait l'objet a ruiné des milliers de familles. Mais, au sein de cette orgie de désastres, la Bourse a subi une de ces influences qui changent la face du commerce. Le trafic des titres l'a emporté sur les négociations de change et de marchandises ; il est devenu le grand souci du législateur.

L'arrêt du 24 septembre 1724 (1) qui institue la Bourse de Paris, exige dans son art. 17 que les effets royaux et autres effets publics soient négociés par l'entremise des agents de change. La Bourse est le seul lieu ouvert à cette négociation ainsi qu'à celle des lettres de change, billets à ordre ou au porteur. En ce qui concerne tous ces papiers commerçables, les personnes admises à la Bourse peuvent traiter sans intermédiaire. Une sanction sévère (la prison et 6,000 livres d'amende payables avant élargissement) poursuit ceux qui, au mépris de l'arrêt du Conseil, auraient « tenu quelque autre assemblée ou bureau pour y faire des négociations. » Le propriétaire ou locataire principal, qui ne dénoncera pas au commissaire du quartier les assemblées tenues dans sa maison, sera lui-même puni de 6,000 livres d'amende

(1) Cet arrêt et ceux qui précédèrent l'an 1789, ne régissent dans leurs dispositions que la Bourse de Paris. Celles des provinces étaient soumises à des réglements particuliers émanés de l'autorité locale et qui variaient suivant les régles et les besoins des villes auxquelles ils étaient destinés.

(art. 12). Tout attroupement en plein air, ayant pour but des négociations, sera puni de prison (art. 13).

Ces dispositions sont, on peut le dire, neuves dans l'histoire de notre matière. Nous n'avons, en effet, jusqu'ici rien rencontré d'analogue. Si Louis XV les édicte, c'est que le système de Law a produit ses lamentables résultats. La nécessité s'est fait sentir de prévenir et de rendre à jamais impossible le retour de pareils scandales. Il importe d'assurer la sécurité et la bonne foi dans les transactions, en les plaçant sous la surveillance efficace et directe de l'autorité publique. Cette surveillance, le lieutenant-général de la police pourra l'exercer avec une plénitude exceptionnelle. Car nul n'a le droit de pénétrer à la Bourse s'il n'est muni d'une carte délivrée par lui (art. 5), et nul ne saurait obtenir cette carte s'il n'est domicilié à Paris ou connu d'un négociant domicilié (art. 4).

L'arrêt du 24 septembre 1724 avait interdit l'entrée de la Bourse aux femmes. Un arrêt de 1766 (21 avril) la ferme pour quiconque aura fait faillite, atermoyé ou obtenu des lettres de répit.

L'élan était donné aux sages dispositions. Des arrêts postérieurs complétèrent l'organisation de la Bourse. Le 30 mars 1774, le conseil du roi décrète l'établissement du parquet, c'est-à-dire qu'un espace élevé de trois pieds sera réservé aux agents de change. Par suite de cette disposition, le ministère des agents sera facilité. La foule ne sera plus un obstacle à l'exercice de leur profession. Séparés du public, ils seront en vue des commerçants, qui pourront aisément les aborder.

L'usage de la Cote va être aussi régularisé. Depuis plusieurs années, l'on avait pris l'habitude de publier à la Bourse le cours des effets négociables. Étaient soumis à cette règle les titres des compagnies. Ceux-ci se multipliaient au point de faire une concurrence fâcheuse au Trésor. Lors de la guerre d'Amérique, presque en même temps que celui-ci, pour faire face aux frais qu'elle nécessitait et couvrir l'arriéré, jetait sur les marchés 450 millions d'emprunt à négocier, la nouvelle Compagnie des Indes émettait à elle seule 40,000 actions au porteur.

Vers cette époque, à la date du 7 août 1785, le conseil du roi prescrivit de ne pas coter d'autres valeurs que les effets royaux et le cours des changes. Les actions de la caisse d'escompte furent, par un autre arrêt du 14 juillet 1787, exceptées de la prohibition. En dehors de celles-ci, les ordres antérieurs du conseil durent être rigoureusement suivis et, de plus, défense fut faite d'insérer dans les journaux et papiers publics le cours des effets des compagnies.

Telle est, dans un aperçu rapide, la législation ancienne sur les bourses de commerce. Quelque mal qu'eût causé à la nation l'agiotage effréné que Law introduisit, la Bourse ne fut pas un instant fermée. La tourmente Révolutionnaire, qui ébranlait toutes les vieilles institutions, devait aussi marquer un temps d'arrêt dans l'existence des bourses. La secousse à leur fonctionnement sera violente, mais de courte durée. N'anticipons point toutefois sur les événements. L'Assemblée nationale de 1789 respecte les bourses.

VI.

Un décret qu'elle rend le 21 avril 1791, afin de rendre libre la profession d'agent de change et de courtier, annonce comme incessante la promulgation de nouveaux réglements. Jusque-là les anciens resteront en vigueur. Le même décret (art. 15) assigne aux tribunaux de commerce le soin d'organiser la manière de constater le cours du change et des effets publics. Les réglements annoncés ne sont point faits. La multiplicité des réformes à accomplir, la marche rapide des événements font oublier aux législateurs leur promesse. Cependant le désordre excessif a reparu sur le marché de la Bourse avec l'émission des quatre cents premiers millions d'assignats. Au Trésor où elle se tient actuellement, le jeu a envenimé la baisse que les malheurs publics activent sans relâche. La Convention ne rêve plus dès lors que l'anéantissement de la Bourse. Le 27 juin 1793, elle en déclare la fermeture.

Cette suppression ne sera guère efficace pour mettre à néant la spéculation. En dehors de la Bourse, les agioteurs opèrent. Aussi la Convention revient-elle vite sur sa première décision. Elle comprend qu'il y a quelque chose de mieux à faire que d'anéantir les bourses, c'est de les surveiller.

Le 6 floréal an III, elle en prononce la réouverture. Le décret du 13 fructidor de la même année prohibe « à Paris et dans toutes les places de commerce où il y a bourse, de vendre de l'argent et de l'or, soit monnayés, soit en barre, en lingot ou ouvrés, sur les places et dans les lieux publics autres que la Bourse. » Il est également défendu de vendre dans les lieux publics autres que la Bourse, aucune espèce de marchandise qui ne sera point exposée en vente sur le lieu même où cette vente se fait (art. 2).

Le décret du 20 vendémiaire an IV arrête que le cours du change, celui de l'or et de l'argent monnayé ou en barre, seront réglés chaque jour à l'issue de la bourse par deux agents de change et affichés par eux dans les lieux les plus apparents. Un autre décret du 28 vendémiaire, qui soumet la surveillance de la Bourse à la police administrative, décide que les négociants et marchands munis de patentes pourront se réunir de onze heures à une heure, pour les ventes et achats de matières et espèces métalliques, de une heure à trois heures, pour les opérations de banque et négociations de lettre de change. Les ventes et achats des espèces et matières d'or et d'argent se feront désormais à haute voix. Le crieur de l'agent de change annoncera au public le prix du marché. Le cours moyen des négociations sera, dès qu'il ne sera plus permis de s'y livrer à la Bourse, déterminé par les agents de change, affiché sur-le-champ et imprimé dans tous les journaux. Ce cours servira de base invariable à la conclusion des marchés sur matières et espèces métalliques qui se feront par l'entremise forcée des agents de change, dans l'intervalle d'une bourse à l'autre. La même disposition régit le papier négociable sur l'étranger. Le mode décrit par la précédente aura fait connaître le prix du change (1).

Le Directoire, par un arrêté du 7 pluviôse an IV, ouvrit la Bourse aux étrangers. Le 2 ventôse, « jugeant nécessaire de retrancher tout le temps qui n'est employé qu'aux combinaisons infâmes de l'agiotage, » il décréta qu'à Paris les rassemblements n'auraient lieu que depuis une heure à deux pour les négociations de toute nature, et décida aussi qu'à l'avenir chaque marché de marchandises fait à la Bourse serait proclamé à haute voix par le courtier ou son écrivain-crieur.

VII.

Sous la période Révolutionnaire, les réglements, on a pu

(1) Ces différentes règles sont énoncées dans les art. 1, 2, 9, 10, 12 (chap. I), 9, 10 (chap. II) du décret précité. Un arrêté du 15 pluviôse an IV substituera aux agents de change, désignés par les art. 12 (chap. I), 9 (chap. II), pour constater le cours du change et négociations de matières d'or ou d'argent, le syndic des agents de change et ses quatre adjoints.

le voir, n'avaient point manqué. Mais ils étaient le plus souvent nés avec les difficultés du moment. Le devoir de parer au péril d'une situation parfois fort critique avait fixé l'attention du législateur sans qu'il songeât jamais à pourvoir d'une façon définitive à l'organisation générale des bourses de commerce. C'est à une grande époque de calme dans les esprits, telle que celle du Consulat, qu'il appartenait de ne rien laisser d'inachevé dans notre législation et de tracer sur les bourses des règles dont la plupart ont encore à l'heure présente force de lois.

Au premier rang de ces mesures législatives, nous devons citer celles du 28 ventôse an IX. Etablissement des bourses, administration, dépenses d'entretien y sont régularisés ainsi qu'il suit : Au gouvernement appartiendra le droit d'établir de nouvelles bourses de commerce. Les commerçants pourront, avec son autorisation, en fonder également. Les réunions se tiendront dans les lieux actuels ou précédemment destinés à cet usage, et quant aux bourses que le gouvernement aura jugé opportun de créer, leur tenue se fera dans tout ou partie de tel édifice national qu'il lui plaira de choisir. Il pourvoira à l'administration des édifices et emplacements de toutes les bourses. Les dépenses annuelles occasionnées par leur entretien et réparation sont mises à la charge des banquiers, négociants, agents de change et courtiers. Un arrêté du préfet fixera chaque année le montant de la contribution à établir proportionnellement à la patente de chacun d'eux (1).

Peu après, le 29 germinal an IX, les Consuls, tout en préparant la désignation des bourses à établir, arrêtèrent que la police de celles-ci appartiendrait, à Paris, au préfet

(1) Extr. des art. 1, 2. 3, 4 (loi du 28 ventôse an IX).

de police; à Marseille, Lyon et Bordeaux, aux commissaires-généraux de police; dans les autres villes, aux maires. Tous ces fonctionnaires désigneront un des commissaires de police ou un des adjoints pour être présent à la Bourse et en exercer la police pendant sa tenue. Ils pourront, les premiers sauf l'approbation du ministre de l'intérieur, les autres sauf l'approbation du préfet du département, faire les réglements locaux qu'ils jugeront nécessaires pour la police intérieure de la Bourse.

Un second arrêté du 27 prairial an X porte :

Art. 1. — Les bourses de commerce seront ouvertes à tous les citoyens et même aux étrangers.

Art. 2. — A Paris, le préfet de police réglera, de concert avec quatre banquiers, quatre négociants, quatre agents de change et quatre courtiers de commerce désignés par le tribunal de commerce, les jours et heures d'ouverture et de fermeture de la Bourse. Dans les autres villes, le commissaire-général de police ou le maire fera cette fixation de concert avec le tribunal de commerce.

Art. 3. — Il est défendu de s'assembler ailleurs qu'à la Bourse et à d'autres heures qu'à celles fixées par le réglement de police pour proposer et faire des négociations ; à peine contre les agents et courtiers de destitution et contre les autres individus d'une amende de 1,000 à 12,000 francs.

Un paragraphe spécial à la ville de Paris contient ces dispositions :

Art. 23. — Il sera établi à la Bourse de Paris un lieu séparé et placé à la vue du public, dans lequel les agents de change se réuniront pour la négociation des effets publics et particuliers, en exécution des ordres qu'ils auront reçus avant la Bourse ou qu'ils pourront recevoir pendant sa durée : l'entrée de ce lieu séparé ou parquet sera interdite à tout autre qu'aux agents de change. Il sera également établi un lieu séparé convenable pour les courtiers de commerce.

Art. 24. — Des agents de change étant sur le parquet pourront proposer à haute voix la vente ou l'achat d'effets publics et particuliers, et lorsque deux d'entre eux auront consommé une négociation, ils en donneront le cours à un crieur qui l'annoncera sur-le-champ au public.

Art. 25. — Ne sera crié à haute voix que le cours des effets publics : quant aux actions de commerce, lettres de change et billets, tant de l'intérieur que de l'étranger, leur négociation en exigeant l'exhibition et l'examen, elle ne pourra être faite à haute voix, et les cours auxquels elle aura donné lieu seront recueillis après la Bourse par les syndics et adjoints, et cotés sur le bulletin des cours.

Art. 26. — Les syndics et adjoints des courtiers de commerce se réuniront également pour recueillir le cours des marchandises et le coter article par article sur le bulletin des cours.

Un dernier arrêté du 12 brumaire an XI assimile au droit des patentes, en ce qui concerne le mode de perception, la contribution à percevoir pour subvenir à l'entretien et aux réparations des bâtiments affectés à la tenue des bourses. En conséquence, les percepteurs des communes sont chargés du recouvrement. Les travaux à faire seront déterminés par le préfet avec les mêmes formalités que les travaux publics nationaux et après adjudication au rabais, si le montant du devis estimatif excède 500 fr.

Ce que furent les bourses au commencement du premier Empire, nous le savons par l'exposé historique que nous venons de tracer. Quatre actes législatifs ou réglementaires, dont nous avons indiqué les points essentiels, formèrent avec quelques règles anciennes non implicitement supprimées l'état de la législation en vigueur. En septembre 1807, trois dispositions nouvelles furent décrétées (art. 71, 72, 73, L. I, titre V, Co.). Les précédentes ne furent point abrogées. En conséquence, les unes et les autres constituent le code de la matière. Elles serviront de base à notre étude sur l'organisation des bourses actuelles.

PREMIÈRE PARTIE.

Des Bourses.

CHAPITRE I.

Établissement et suppression des Bourses.

Une bourse de commerce, c'est à notre époque, d'après la définition même de la loi, « une réunion soumise à l'autorité du gouvernement, des commerçants, capitaines de navire, agents de change et courtiers » (1). Le local où se tient cette réunion porte aussi le nom de Bourse.

Le gouvernement a plein pouvoir pour établir des bourses partout où il le jugera convenable. Lui seul a le droit de les ouvrir. Quelque pressantes que soient les sollicitations des chambres de commerce ou des autorités locales d'une place, il n'est jamais tenu d'y accéder. Car ce n'est point uniquement la commodité, pour les commerçants d'une ville, qui doit être consultée comme élément fondamental de l'installation d'une bourse; ce qu'il importe d'examiner principalement, c'est le bien-être, la prospérité qu'en retirera ou non la nation. L'intérêt public est en jeu au-dessus de l'intérêt privé. Il convenait donc que le chef de l'État fût appréciateur souverain; il le sera d'autant mieux qu'un

(1) Art. 71, Cod.

vain amour-propre aurait pu, dans certains centres, entraîner les habitants à fonder, à grands frais, des bourses sans nécessité. Peut-être même quelques localités eussent-elles songé à cacher, par l'apparence de bourses, des réunions non avouées, dangereuses pour la tranquillité des citoyens. L'approbation essentielle du gouvernement prévient ces deux inconvénients.

Bien qu'aucune loi ne prévoit quelle autorité serait compétente pour fermer une bourse, il n'est point douteux que le chef de l'État serait fondé à agir. Il peut supprimer des bourses quand il le croit nécessaire. Cette faculté lui appartient, comme corollaire du droit de les créer, que lui confère l'acte législatif du 28 ventôse an IX. Il n'est point à craindre que le Pouvoir abuse de ses prérogatives. La voix de la Presse et le contrôle des Chambres servent de contrepoids à sa puissance. Qu'il prive illégalement de sa bourse une ville importante, immédiatement une pétition sera adressée aux représentants ; une interpellation aura lieu. Aussi les ministres prendront bien garde d'être imprudents en pareille matière. « Fussent-ils mal intentionnés, leur intérêt même les arrêterait, comme le remarque M. Dalloz, en leur dictant de ne pas fournir des moyens d'attaque sérieuse contre leur administration. »

Au ministre des finances et au ministre du commerce il appartient de recevoir et d'étudier les demandes des chambres de commerce et autorités locales pour la création ou le rétablissement des bourses.

CHAPITRE II.

Police des Bourses.

SECTION I.

POLICE EXTÉRIEURE.

S'il était bon, pour rendre le commerce plus facile, d'ouvrir aux commerçants un lieu de réunion, il n'était pas moins sage de prohiber tous rassemblements publics ou clandestins en dehors de ce lieu, afin que la surveillance de l'autorité ne devînt pas à la bonne foi des négociations une garantie illusoire.

Cela fut compris dès l'année 1309. Une ordonnance royale de février édicta des mesures de rigueur pour empêcher toutes opérations de change ailleurs que sur le Grand-Pont, où elles durent exclusivement s'effectuer. En 1720, la Régence déclara sous des peines sévères, par ordonnances des 22 et 28 mars, que le commerce des actions et autres effets de banque ne serait possible qu'à l'hôtel de Soissons, voulant ainsi écarter la spéculation de la rue Quincampoix, où le caprice populaire l'avait trop longtemps tenue dans une vigueur honteuse.

L'important arrêt du 24 septembre 1724, en fondant la Bourse à Paris, rue Vivienne, hôtel de Nevers, décida que ce serait le seul endroit où l'on pourrait tenir assemblée pour négociations de toute nature, moins celles relatives aux marchandises, à peine contre les particuliers de la prison et de 6,000 livres d'amende, et contre les agents de change de destitution et de 3,000 livres d'amende. Cette disposition fut consacrée, avec aggravation de peines, par les arrêts subséquents des 26 novembre 1781, 7 août 1785 et 10 juin 1788.

Le 27 prairial an X, les Consuls inséraient la même défense dans un arrêté frappant de *destitution les agents de change ou courtiers qui y contreviendraient, et les autres individus des rigueurs portées par la loi contre ceux qui s'immiscent dans les négociations sans titre légal.*

L'amende n'est donc plus applicable aux agents de change. Quant aux rigueurs dont il est question contre les particuliers, ce sont celles déterminées « par les art. 13 de l'arrêt du Conseil du 26 novembre 1781 et 8 de la loi du 28 ventôse an IX (1). » Or, aux termes de l'art. 13, les peines à prononcer sont : 1° la nullité des négociations ; 2° 3,000 livres d'amende ; 3° en cas de récidive, la punition corporelle ; c'est-à-dire, d'après les anciennes ordonnances, toutes les peines qui affligent le corps en lui causant de la douleur, telles que la question, l'amputation d'un membre, la marque, le fouet, le carcan, le pilori et autres supplices. D'après l'art. 8 précité, ce n'est plus une amende fixe qui doit être encourue, mais une amende à arbitrer par le juge en raison du montant du cautionnement des agents de change ou courtiers, avec limite du sixième au plus et du douzième au moins.

Nul doute que cette disposition de la loi de ventôse nous régit encore aujourd'hui. Aucun texte postérieur ne l'a

(1) Arrêté du 27 prairial an X, art. 1.

abrogée. La nullité des négociations, dont parle l'arrêt de 1781, subsiste par le même motif. Le Code pénal de 1810 garde le silence, hors les cas de faillite et d'agiotage, sur les bourses et rassemblements commerciaux (1). En cette matière, les réglements anciens continuent donc à valoir conformément au principe général posé dans l'art. 484 qui, en tous points non prévus par le nouveau Code, prescrit aux cours et tribunaux de se conformer aux lois particulières en vigueur lors de sa mise en activité.

L'on tient pour constant toutefois que la punition corporelle ne saurait valoir. Et le motif principal, c'est son incompatibilité même avec les principes nouveaux de notre droit pénal. Comment concevoir que l'auteur d'un délit fort grave, tel que celui de coups ou blessures avec préméditation ou guet-apens, par exemple, d'abus de confiance même, ne fût punissable que de l'emprisonnement (2), tandis que ceux qui se seraient assemblés hors de la Bourse, pour des négociations inoffensives, pourraient être condamnés à l'amputation d'un membre et au carcan (3)! Outre que cette absurdité répugne aux mœurs et à l'équité, outre qu'une peine non spécifiée, comme la punition corporelle laissée à l'arbitraire du juge, serait un non-sens et une barbarie dans notre Code (4), il serait impossible de concilier le maintien d'une telle peine avec l'art. 133 (I. C.) qui soumet les peines afflictives et infamantes à la juridiction des cours d'assises, puisque la loi de ventôse (5) veut que pour la

(1) V. le rapport de M. le conseiller d'État Réal, au Corps législatif, en ce qui a trait à l'art. 484, P.

(2) C. pén., 311, 406.

(3) V. Dalloz, article *Bourse de commerce*, 167.

(4) V. Mollot, Bourses de commerce, *de la police extérieure*, 14.

(5) Art. 8 *in fine*.

prononcer, le tribunal de première instance jugeant correctionnellement soit compétent. Une seule conclusion peut être raisonnablement donnée, c'est que l'arrêt de 1781 a été, sur le point spécial qui nous occupe, implicitement abrogé par le système de législation qui plus tard fut adopté.

La loi du 28 ventôse an IX, qui inflige comme peine l'amende basée sur le cautionnement des agents de change et courtiers, avait fixé elle-même les chiffres de ce cautionnement : « Il ne pourra excéder, pour les agents de change, la somme de 60,000 fr. ni être moindre de 6,000 fr. Pour les courtiers de commerce, il ne pourra excéder la somme de 12,000 fr. ni être moindre de 2,000 fr. » (1).

Depuis l'an IX, les cautionnements se sont considérablement accrus. C'est ainsi que, conformément à la loi du 28 avril 1816, les agents de change ont payé, comme taux le plus élevé, 125,000 fr., et doivent verser aujourd'hui un maximum de 250,000. Faut-il tenir compte de ces modifications? Non, car élever l'amende en proportion des cautionnements nouveaux, alors que le législateur de l'an IX n'a point arrêté sa pensée sur une augmentation ultérieure, ce serait violer l'une des idées incontestables sur lesquelles repose notre droit criminel, à savoir que le raisonnement par induction n'est jamais possible en matière de peines; qu'il n'en existe d'autres que celles qui sont positivement et clairement établies par la loi.

Si le juge n'a pas le pouvoir de donner à l'amende une extension supérieure au sixième du cautionnement, tel qu'il est déterminé par le texte de ventôse, il ne lui est pas permis non plus de la faire descendre au-dessous du douzième dans les limites du même texte. Tout a été réglé par l'art. 8 ; le

(1) Art. 9.

minimum est invariable. Le Code pénal, il est vrai, est venu ensuite conférer aux tribunaux, dans l'art. 463, la faculté de réduire la pénalité lorsqu'il existe des circonstances atténuantes. Mais une exception existe en notre espèce, de même que dans tous les cas où l'emprisonnement et l'amende ne sont pas prononcés par le Code lui-même. La rédaction du nouvel article est précise en ce sens. Ses termes excluent les lois spéciales, et il a été du reste parfaitement entendu, lors de sa discussion, que c'était là l'interprétation qui devait être donnée.

L'amende était attribuée, par l'arrêt de 1724, moitié au dénonciateur, moitié à l'hospice général. Depuis la loi de l'an IX, les enfants abandonnés sont appelés à en bénéficier pour le tout (art. 8).

Autrefois, les propriétaires ou locataires qui louaient ou prêtaient leur maison pour la tenue des réunions illicites étaient eux-mêmes punis. L'arrêt de 1724 leur infligeait une amende de 6,000 livres. Aucune disposition pénale n'a été édictée contre eux, soit par l'arrêt du 27 prairial an X, soit par un acte législatif postérieur. Nous estimons qu'ils ne sauraient être atteints par les anciennes mesures de rigueur. Mais leur responsabilité civile n'est-elle pas engagée, au cas où ils ont su, en louant la maison, que les rassemblements auraient lieu? Nous admettons, avec M. Mollot, que « conformément au droit commun de l'art. 1382, C. N., ils sont tenus des dommages-intérêts dont leurs locataires ou sous-locataires délinquants pourraient être passibles envers les parties lésées, c'est-à-dire envers les agents de change et les courtiers qui auraient souffert un préjudice de la réunion. » Le plus souvent d'ailleurs, les propriétaires et locataires principaux auront pris une part personnelle aux réunions, et alors ils seront délinquants et poursuivis comme tels.

L'arrêté du 27 prairial an X ne fait en effet aucune distinction entre les particuliers qui ont été membres actifs des rassemblements prohibés. Et ont ce caractère tant les rassemblements qui se font dans les rues et lieux publics autres que la Bourse que ceux qui se tiennent dans l'intérieur des maisons.

Nous considérerons même comme illicites les négociations qui pourraient être faites entre deux agents de change ou courtiers dans leur cabinet. Tout genre de réunion est défendu. Les discussions qui ont eu lieu à ce sujet au Conseil d'État (1) ne laissent aucun doute sur la volonté des rédacteurs de l'arrêté de l'an X. La prohibition ainsi comprise n'est d'ailleurs que la reproduction de l'art. 39 de l'arrêt du conseil du 24 septembre 1724.

Mais si un agent de change ou un courtier n'a pas le droit d'opérer hors de la Bourse, d'exercer où il lui plaît le rôle d'intermédiaire entre ses clients, il va de soi que les affaires véritablement commerciales se résumant dans la vente et l'achat des marchandises peuvent être traitées par les commerçants chez eux et en tous lieux. Nulle entrave n'a été établie de ce chef par le législateur.

Aux peines (2) portées par l'arrêté du 27 prairial an X

(1) V. Locré, *Esprit du Code de comm.*, t. 1, p. 339.

(2) Dans la pratique, les peines ne sont point appliquées. Après la loi de l'an IX, les intermédiaires (coulissiers) ont continué de s'assembler comme si elle n'existait pas. Ils se sont longtemps installés dans des locaux loués par eux avec la tolérance du gouvernement. Celui-ci les en a chassés, mais sans les punir ; bien plus, il leur a officiellement désigné comme rendez-vous le péristyle de la Bourse, et il les laisse envahir chaque soir le passage de l'Opéra.

En 1856, ces rassemblements avaient été interdits par le préfet de police, et comme ils continuaient, des arrestations avaient suivi. Le devoir de la magistrature était nettement tracé. Les accusés devaient être traduits devant la police correctionnelle, et, reconnus coupables, devaient être punis selon la loi de l'an IX. Ils furent traduits devant le tribunal de (art. 2 et 3) contre ceux qui s'assemblent au mépris des prohibitions légales, le préfet de police à Paris, le maire et les officiers de police dans les départements ont le droit de joindre, d'après l'art. 5 du même arrêté, l'exclusion temporaire de la Bourse. Si les coupables sont en état de récidive, le gouvernement est libre de les proclamer incapables de devenir agents de change ou courtiers. S'agit-il de ces derniers comme contrevenants, leur destitution sera immédiatement portée à la connaissance du public par une inscription sur un tableau placé à cet effet dans l'intérieur des bourses. L'arrêt de 1724 (art. 41) et l'ordonnance de police du 1er thermidor an IX l'ont, par une sage mesure de prévoyance, décidé ainsi.

L'arrêté du 27 prairial an X (art. 13) ne vise que les cas où les agents de change et courtiers ont été suspendus de leurs fonctions. Mais la destitution étant un fait qui, ignoré des tiers, compromettrait plus sérieusement encore leurs intérêts, il nous semble évident que le vœu de l'arrêté est d'ordonner l'inscription également en ce cas.

Le soin d'empêcher les attroupements hors de l'enceinte de la Bourse dans la capitale, de rechercher et de punir les infractions, était confié, par l'arrêt de 1724, au lieutenant-général de la police du roi. De nos jours, c'est à Paris, au préfet de police ; à Marseille, Lyon et Bordeaux, aux commissaires-généraux de police ; partout ailleurs, aux maires que la mission est dévolue de faire constater et de poursuivre les contraventions. Procès-verbaux de celles-ci seront dressés par les simples commissaires et pourront l'être aussi par les syndics et adjoints des compagnies d'agents de

simple police, accusés non pas d'avoir commis un délit, mais d'avoir contrevenu à un règlement administratif et encombré la voie publique. On leur appliqua l'art. 471, § 5, P. L'amende qu'ils payèrent fut de 5 fr.

change ou de courtiers (arr. 29 germ. an IX, art. 14 et 15; 27 prair. an X, art. 5).

Les délits sur la police extérieure ainsi instruits, leurs auteurs seront traduits devant les tribunaux correctionnels et jugés par eux. En 1809, le ministre de l'intérieur avait proposé de leur enlever la répression pour en charger la juridiction administrative. Un avis du Conseil d'État (17 mai de la même année) rejeta le projet, par le motif qu'il était inutile de faire l'innovation demandée « puisque les autorités administratives, maires ou conseillers de préfecture, ne seraient pas investis, pour appliquer les peines de la loi, de moyens plus puissants que les tribunaux de première instance. » Toutefois, afin de rendre plus prompte, s'il était possible, l'application des peines, les conseillers d'État exigèrent, dans le même avis, que les procureurs généraux et impériaux fussent tenus de prendre l'initiative de la poursuite (1). Quels que soient les délinquants, quel que soit le genre des infractions, le principe qui exclut les juges administratifs doit être observé (2).

Il est incontestable que le préfet de police, les commissaires-généraux de police et les maires ont plein pouvoir pour dissiper, par des mesures de rigueur, les réunions dans les rues et lieux autres que la Bourse. Ce pouvoir, ainsi que celui d'édicter tels réglements locaux qu'ils jugeront aptes à prévenir le désordre (3), est une conséquence implicite du droit de surveillance extérieure qui leur a été conféré (4).

(1) Par extension des art. 2 et 3 du décret du 10 sept. 1808, rendu pour l'établissement de la Bourse d'Amiens.

(2) V. en ce sens un arrêt du 26 juin 1853, rendu en aud. sol. par la Cour de cassat., sur conclus. conf. de M. le 1er avoc. génér. Nicias Gaillard.

(3) V. ordonnances du préfet de police (14 avril 1819 et 24 janv. 1823) relatives aux rassemblements sur le boulev. des Panoramas et au café Tortoni. — Autre ordon. du 1er déc. 1850 (passage de l'Opéra).

(4) V. arr. du 27 prair. an X, art. 3 *in fine*.

La compétence pour faire des réglements se déduit en outre, par analogie, de l'arrêté du 29 germ. an IX (art. 19), qui l'attribue aux mêmes fonctionnaires en ce qui a trait à la police intérieure. — Il est essentiel, pour la validité des décisions prises, qu'elles soient approuvées : à Paris, si elles concernent les courtiers, par le ministre de l'intérieur (arr. du 29 germ. an IX, art. 19) ; si elles régissent les agents de change, par le ministre des finances (ord. du 28 mai 1816) ; dans les départements, en tous cas, par le préfet. Inutile de faire remarquer qu'elles ne doivent jamais contredire les lois en vigueur et réglements organiques ou généraux sur les bourses. Le gouvernement lui-même, dans les mesures nouvelles qu'il pourra prendre sur la police des bourses, est astreint à respecter strictement les textes législatifs qu'une autorité plus puissante que la sienne a décrétés (1).

SECTION II.

POLICE INTÉRIEURE.

§ 1. — *Des personnes qui sont privées du droit d'entrée à la Bourse.*

> « La Bourse est un lieu consacré par la loi ; il doit avoir le calme et la dignité de toute réunion légale. » MALLOT.

La liberté donnant seule l'essor au commerce et la Bourse étant le vrai temple de celui-ci, il convenait d'en ouvrir les portes au plus grand nombre, tout en écartant ceux qui

(1) V. loi du 28 vent. an IX. art. 9.

pourraient ou compromettre ou déshonorer l'enceinte par leur présence. En cette idée fondamentale se sont résumées, on peut le dire, toutes les vues du législateur lorsqu'il a tracé sur l'entrée de la Bourse le principe et les diverses exclusions que nous allons étudier.

Le principe est celui-ci : « La Bourse est ouverte à tous les citoyens et même aux étrangers (1). » Plus de carte exigée pour l'admission, comme en 1724 (2). Sans formalités préalables, les étrangers ont le droit de s'introduire à la Bourse. A plus forte raison, il en est de même des nationaux. Nous ne saurions, en effet, interpréter l'expression, citoyens, dans un autre sens. Dès lors que le législateur ne requérait de ceux du dehors aucune condition, sa volonté devait être d'accorder la même faveur à tous les Français sans distinction. Agir autrement vis-à-vis des membres de la patrie, quand ils n'ont pas la qualité de citoyens, les placer au-dessous d'hommes qui, la plupart du temps, n'auront pas obtenu du gouvernement l'autorisation de résider dans le pays, eût été illogique, contre nature, et, par suite, ne pouvait entrer dans l'esprit de la loi.

Sont écartées de la Bourse : 1° les femmes. Et c'est à juste titre. Les bienséances sociales s'opposent à ce qu'elles compromettent leur dignité en une semblable réunion. Les rédacteurs de l'arrêté de prairial, en ne s'exprimant (art. 1er) que *de sexu masculino*, ont légalement consacré le fondement de la prohibition.

L'on peut toutefois se demander s'il ne faut point excepter de l'interdiction les marchandes publiques. N'est-il pas rationnel que le Code de commerce, qui a permis aux femmes de se livrer au négoce, les ait mises implicitement

(1) Arrêté du 27 prair. an X, art. 1.
(2) V. notre historique.

à même de prendre part aux avantages immenses qu'offrent les réunions commerciales pour la bonne conduite des opérations? Nous le pensons d'autant mieux que le nombre des femmes qui s'adonnent au commerce étant assez restreint, « une exception en leur faveur ne peut présenter au bon ordre un danger sérieux (1). » Quoi qu'il en soit, elles ne sont point en fait admises à la Bourse.

2° Les condamnés aux peines afflictives ou infamantes n'y ont pas non plus droit d'entrée (2). Cette disposition cesse d'être applicable pour ceux dont la réhabilitation a été prononcée conformément à l'art. 634 (I. C.).

3° Les faillis sont exclus par la loi, s'ils n'ont été réhabilités (613, C.). Le texte est dans la pratique formellement violé. Les faillis pénètrent à la Bourse comme le reste du public.

4° Les débiteurs qui ont fait cession de biens judiciaire ne doivent point avoir accès à la Bourse. En effet, il n'importe pas moins d'honorer les négociants irréprochables, en écartant du lieu de leur réunion les personnes qui se trouvent flétries par un manquement grave à leurs engagements, que d'exciter celles-ci, par cette sorte de châtiment, à recouvrer leur honorabilité en payant la totalité de leurs dettes. Cette mesure de rigueur est aussi un excellent moyen de prévenir les fraudes et l'agiotage auxquels elles seraient tentées de se livrer d'autant plus volontiers qu'elles n'ont rien à perdre. Ces motifs, que le conseil du roi de 1766 avait formulés en tête de son arrêt du 21 août, afin de justifier l'exclusion (3) dont était frappé quiconque aurait obtenu des lettres de répit, ont conservé toute leur actualité. « Ajoutons, dit M. Mollot,

(1) Dalloz.
(2) Art. 6 de l'ord. du 1er thermidor an IX.
(3) Conf. préambule (arr. du cons., 10 juin 1788) et art. 1.

que la cession judiciaire est la faillite du non commerçant. Elle a toujours été considérée comme imprimant une tache déshonorante sur le front du débiteur. »

Quant à la cession de biens volontaire, n'ayant point le même caractère d'infamie, étant d'ailleurs librement acceptée par tous les créanciers, elle n'entraîne avec elle aucune incapacité de ce genre.

5° Les individus qui se sont immiscés dans les fonctions d'agent de change ou de courtier peuvent se voir interdir l'entrée de la Bourse, par décision du fonctionnaire chargé de sa police, après que celui-ci aura vérifié les faits et entendu les prévenus (1).

Cette décision est sujette à appel selon le droit commun. Toutefois, comme elle émane d'un personnage de l'ordre administratif, l'on devra se pourvoir devant le fonctionnaire d'un degré hiérarchique supérieur, et non pas devant le tribunal correctionnel. Ainsi, s'il s'agit d'un arrêté du préfet de police, l'on s'adressera au ministre de l'intérieur et de lui au Conseil d'Etat ; à l'égard de l'ordonnance d'un maire, l'on ira tout d'abord devant le préfet du département.

§ 2. — *Tenue de la Bourse.*

La police extérieure de la Bourse ayant été conférée au préfet de police, aux commissaires-généraux de police et aux maires, c'est à ces divers agents que l'arrêté du 27 prairial an X (art. 2) a remis le soin de fixer les heures d'ouverture et de fermeture, disposant que le préfet de police à Paris se concertera à cet effet avec quatre banquiers, quatre négociants, quatre agents de change et quatre courtiers désignés

(1) Art. 5 de l'arrêté du 25 prairial an X.

par le tribunal de commerce ; que dans les autres villes, le commissaire-général de police ou le maire s'entendra avec le tribunal de commerce.

Conformément à cet arrêté, un premier réglement fut fait pour la capitale ; une ordonnance du préfet de police, en date du 2 octobre 1809, le contient. La négociation des effets publics se fera de deux heures à trois, et les opérations commerciales auront lieu de deux heures à quatre (art. 3). Une nouvelle ordonnance du 2 novembre 1826 fixa l'évacuation de la Bourse à cinq heures de relevée.

Après diverses modifications apportées le 8 novembre 1830, le 12 janvier 1831, dans la durée des négociations quant aux effets publics, la tenue de la Bourse de Paris, par ordonnance du 28 avril 1848, fut ainsi arrêtée : la Bourse se tiendra tous les jours, excepté ceux qui sont fériés (1), depuis une heure jusqu'à trois, pour la négociation des effets publics. Les opérations commerciales continueront à s'effectuer de deux heures à cinq (art. 2). Le public ne sera admis dans la salle que dix minutes avant l'ouverture du parquet, et l'évacuation aura lieu à cinq heures précises (art. 3). Actuellement la Bourse commence à midi et demi.

En dehors de la tenue limitée par le réglement, les agents de change et courtiers doivent s'abstenir, soit avant, soit après, de toutes négociations, sous peine d'être poursuivis et punis aussi sévèrement que s'ils s'étaient indûment rassemblés hors de l'enceinte. Cette règle s'applique à toutes les bourses, quel que soit l'instant de la journée consacré aux séances dans les villes de province. — Celles-ci, du reste, ont la tenue de leurs bourses régie par des réglements calqués à peu près sur celui de Paris.

(1) C'est-à-dire les dimanches et fêtes suivantes : premier jour de l'an, Ascension, Assomption, la Toussaint et Noël. L'ouverture et la clôture des marchés se fait au son d'une cloche.

Outre ces arrêtés spéciaux rendus suivant les formes indiquées, les officiers de police ont le droit de publier, seuls et de leur propre initiative, telles ordonnances qu'ils jugeront convenables pour le bon ordre dans l'intérieur de la Bourse, avec sanction toutefois de l'autorité supérieure, ainsi qu'il a été expliqué à la fin de notre section II.

L'ordonnance de police du 1er thermidor an IX veut (art. 7) que les agents et courtiers près la Bourse de Paris aient leurs noms et demeures inscrits sur un tableau placé dans un lieu apparent. Cette disposition doit s'exécuter ainsi que celle qui prescrit de porter sur un autre tableau les noms des agents de change et courtiers destitués ou suspendus de leurs fonctions.

Aucun pouvoir militaire ne pouvant être exercé dans l'intérieur de la Bourse, un commissaire de police ou un des adjoints du maire assistera aux réunions, conformément à l'art. 14 de l'arrêté du 29 germinal an IX. A Paris, il y a un commissaire de la Bourse.

§ 3. — *Du parquet et du crieur.*

Dès 1774, il existait à Paris, dans l'intérieur de la Bourse, un lieu séparé du public, où les agents de change se réunissaient, pendant les séances, pour faire leurs négociations (1). L'arrêté du 27 prairial an X a confirmé le maintien de cet emplacement, exclusivement réservé aux agents, qui n'est autre que le parquet; mais il n'a rien prescrit d'analogue pour les bourses de province.

A ce silence, les hauts fonctionnaires chargés, dans les villes les plus importantes, de la police des bourses, ont jugé

(1) V. notre historique.

à propos de suppléer, en invoquant le pouvoir réglementaire, qui leur est confié par l'art. 19 de l'arrêté du 29 germinal an IX. C'est ainsi qu'à Lyon, un parquet a été organisé en 1845. Les villes de Marseille, Bordeaux, Toulouse, en sont également dotées.

Il arrive quelquefois que dans l'enceinte des bourses et aux heures de tenue, mais à l'entrée ou à la sortie du parquet, deux agents de change traitent une affaire urgente. Ce marché a une validité légale, les textes ne prohibant que ceux qui seraient conclus en dehors de la Bourse.

Afin d'exciter les enchères sur les effets publics, dont le cours élevé intéresse la stabilité du gouvernement et la prospérité de la nation, les rédacteurs de l'arrêté de prairial an X, s'inspirant d'une décision analogue, prise par l'arrêt du 30 mars 1774, ont voulu que le taux de chaque marché sur un effet public fût immédiatement porté à la connaissance de tous par la voix d'un crieur. L'usage toutefois s'est introduit de ne plus crier à la Bourse de Paris que les rentes perpétuelles sur l'État et les actions de la Banque de France. Le crieur est nommé par le préfet de police et révocable à son gré.

CHAPITRE III.

Édifices consacrés aux Bourses. — Administration. — Entretien (*le Tourniquet*).

Édifices. — Par application de la loi du 28 vent. an IX (art. 2), les bourses ont reçu comme local, dans les villes où elles existent, soit un bâtiment communal ou appartenant à l'État, soit une construction élevée aux frais des négociants de l'endroit.

A Paris, le Palais de la Bourse a été édifié tout à la fois avec les fonds du gouvernement, de la ville et de la compagnie des agents de change. L'emplacement étant un terrain du domaine de l'État, le monument lui appartenait tout entier. Mais la loi du 17 juin 1829 a conféré la propriété à la ville de Paris. Sur les autres places où les bourses se tiennent dans des édifices primitivement nationaux ou devenus tels par incorporation au sol, le caractère de ceux-ci persiste ; l'État est propriétaire.

Administration. — Elle sera exercée par le gouvernement, si le local de la Bourse est dans son domaine (1) ; si le bâtiment est bien de la commune, il sera administré comme tel. Toutefois, même en ce cas, le droit de surveillance dans l'intérieur existe d'une façon exclusive pour le gouvernement.

Au-dessous de 10,000 fr. de dépense totale, les marchés, pour travaux ou fournitures relatives à l'administration des bourses à la charge de l'État, pourront être faits de gré

(1) V. art. 3 de la loi du 28 vent. an IX.

à gré (1). Les communes ne peuvent traiter ainsi, avec approbation du préfet, au-dessus de 3,000 fr. (2).

Entretien. — Les dépenses qu'il nécessite sont mises à la charge de ceux qui profitent directement de l'existence des bourses, c'est-à-dire des négociants, banquiers, agents de change et courtiers (3). La loi du budget fixe chaque année la somme à imposer pour subvenir aux réparations des bourses. Répartition étant faite à cet égard par le pouvoir exécutif, entre les différentes places de commerce, selon leurs besoins (4), les contributions sont prélevées sur les patentables des trois premières classes (5), à l'aide d'un rôle rendu exécutoire par le préfet, proportionnellement à la cote de patente consistant dans le droit fixe et le droit proportionnel (6). Trois centimes par franc sont ajoutés à la taxe pour solder les frais de perception (7). Le montant des dépenses annuelles est arrêté par le préfet, qui seul a le droit de s'immiscer dans l'examen du budget des bourses (8).

La loi du 17 juin 1829, en mettant au compte de Paris l'entretien de la Bourse, n'a point eu pour but de refuser à la ville, devenue propriétaire, la ressource des taxes dont nous venons de parler. Son budget ne dut faire face aux dépenses qu'au cas d'insuffisance des contributions (9).

(1) Art. 1, 2 (ordonn. du 4 déc. 1836). — V. art. 5 de l'arrêté du 12 brumaire an II.

(2) Art. 1, 2 (ordonn. du 14 nov. 1837).

(3) Loi du 28 vent. an IX. — L. du 10 juillet 1819.

(4) Loi du 23 juillet 1820, art. 16.

(5) V. Tableaux A, B, C, annexés à la loi des patentes du 25 avril 1844.

(6) Loi du 23 juillet 1820, art. 15; V. aussi arrêté du 12 brum. an XI.

(7) Loi du 14 juillet 1838, art. 4.

(8) Loi du 28 vent. an IX, art. 4. — Ord. Cons. d'État, 12 avril 1829, aff. ville de Strasbourg.

(9) Conf., loi budg. du 2 août 1829 et autres subséq.

Toutefois, à l'impôt sur les patentables parisiens, un décret de Napoléon III (17 déc. 1856) substitua, à dater du 1er juin 1857, un droit d'entrée à la Bourse, connu sous le nom d'impôt du *Tourniquet* (1).

Cette mesure fiscale, que déterminèrent à amener les difficultés de la situation, résultat d'une affluence immodérée de visiteurs, non moins que les indignes artifices dont nombre d'entreprises frauduleuses, sociétés en commandite d'apparence (2), usaient pour leurrer une foule ignorante et crédule, avait pris son germe d'éclosion dans un courant d'idées et d'écrits (3) qui, depuis quelques années, tendait à faire tomber sous le coup de la réprobation, d'un anathème exagéré, tout ce qui a trait à la spéculation boursière.

« L'on s'était épris, dit à ce propos, dans une remarquable » étude sur la matière, M. E. Worms (4), d'une pitié peut- » être excessive pour les vaincus de la Bourse, pour ceux » qu'une ambition condamnable d'arriver au plus vite à » l'opulence avait jetés, ruinés, dépouillés sur le carreau, » et à ce sentiment de commisération s'était mêlé peut-être » un sentiment d'envie à l'adresse de ceux qui, plus heu- » reux ou plus habiles, avaient, grâce à des opérations ou » combinaisons de bourse, obtenu en bien peu de temps des » résultats qu'un travail opiniâtre et persistant ne per- » mettait jamais d'atteindre. Pour réagir contre ces im-

(1) Cet impôt était ainsi réglé : Bourse des effets publics, 1 fr. par personne; Bourse des marchandises, 50 centimes. Des abonnements pouvaient être pris à 150 fr. ou 75 fr. par mois.

(2) La loi du 16 juillet 1856 (Soc. en command.), avait déjà tari, par ses dispositions sévères, la source des abus.

(3) V. entre autres *la Bourse*, comédie de Ponsard; *les Manieurs d'argent*, par Oscar de Vallée. Une lettre de félicitation fut adressée à l'un et à l'autre auteur par le souverain.

(4) *Sociét. par act. et Opérat. de bourse*, p. 446.

» pressions, il eût suffi de songer qu'il ne fallait pas faire » expier à la Bourse les torts de ceux qui en abusent ; il » eût suffi encore de promener également un regard sur » les entreprises commerciales et industrielles coexistantes, » où tous les jours des déclarations de faillite en grand » nombre viennent flétrir la témérité et punir l'inexpé- » rience ; il eût suffi enfin de soumettre à une comparaison » attentive la façon dont les affaires se traitent à la Bourse » et la façon dont elles se traitent partout ailleurs. »

En un mot, une croisade de moralité avait été entreprise contre la Bourse, beaucoup moins avec l'intelligence qu'avec le cœur. Une taxe, pour chasser du marché les gens sans aveu, les spéculateurs interlopes, parut un bien. L'on applaudit avec enthousiasme à l'installation du tourniquet, sans envisager qu'il allait être cause pour la France d'un abaissement momentané dans sa grandeur commerciale.

Ce que des esprits perspicaces auraient pu prévoir, les faits ne tardèrent pas à le démontrer. Les rentiers, les propriétaires, les capitalistes qui naguère entraient à la Bourse, « autant pour savoir les nouvelles et bruits du jour, qu'avec » l'idée arrêtée de faire des affaires, mais que de subites » perspectives de bénéfices lançaient occasionnellement dans » la spéculation (1), » furent les premiers à lâcher pied, ne voulant point se soumettre à un impôt vexatoire. Puis les riches négociants, dont l'honorabilité et les capitaux avaient contribué d'une façon si brillante, dans les premières années de l'Empire, à élever le crédit du pays, abandonnèrent peu à peu un marché que des récriminations maladroites et une mesure illégale (2) avaient réussi à déconsidérer. L'on ne

(1) Même ouvrage, p. 153.

(2) L'impôt du tourniquet est inconciliable avec l'arrêté du 27 prair. an X (art. 1 et art. 24).

rencontra plus à la Bourse que ceux-là même dont on avait rêvé l'expulsion, c'est-à-dire « des industriels sans biens ni » honneur, cherchant dans la spéculation un véritable » gagne-pain, et qui s'y cramponnèrent avec d'autant plus » de ténacité que leur inaptitude ou leur discrédit ne leur » promettait pas de pâture ailleurs (1). »

Le but n'était donc pas atteint. L'élément impur s'était montré vivace. Il ne disparut qu'avec le temps et en partie seulement, tandis que celui qui avait fait la puissance de la bourse s'était évanoui au premier choc. Le mouvement des affaires, la prospérité de l'industrie, les intérêts les plus précieux du commerce furent un instant compromis, parce qu'on n'avait pas su comprendre qu'un obstacle pécuniaire, un droit d'entrée qui, sur un marché ordinaire où se débitent des objets de première nécessité, tels que les denrées, ne pourrait nuire que légèrement à l'achalandage, à la vente des marchandises, a inévitablement un résultat désastreux sur le marché des fonds publics, où nul n'est forcé de venir, nul n'est contraint de se rendre acquéreur.

En résumé, le décret de 1856, en arrêtant, avec le tourniquet, les personnes à la porte de la Bourse, arrêta du même coup les transactions boursières. L'expérience avait coûté cher au crédit. Le 1er janvier 1862, l'impôt nouveau cessa d'être perçu (2); les taxes anciennes, destinées à l'entretien de la Bourse, étaient remises en vigueur.

(1) *Soc. par act. et Opérat. de bourse* (M. Worms), p. 440; — V. pour l'ensemble de la matière les savantes considérations présentées par le même auteur dans son beau chapitre : *De l'influence des négociations de bourse sur la prépondérance des nations.*

(2) Par ordre de M. Fould, ministre des finances (déc. 1861).

CHAPITRE IV.

Ce qui se négocie dans les bourses. — La cote des valeurs. — Agents de change et coulissiers. — Rédaction des autres cotes.

Les affaires qui se traitent à la Bourse embrassent, dans une vue générale, les intérêts mobiliers du commerce et de l'industrie, leur crédit et celui de l'État. Les unes sont des négociations ayant trait à la vente des matières métalliques et de toutes espèces de marchandises, aux assurances contre certains risques, à la location des navires, aux transports par terre et par eau. Les autres consistent en opérations de banque, placement de papiers commerçables, change, escompte, ou portent sur les fonds publics et autres valeurs dont le cours est susceptible d'être coté. Les premières se concluent avec ou sans l'entremise des courtiers. En ce qui concerne les secondes, l'office des agents de change est indispensable ou non (1), suivant une distinction à établir entre les effets publics, les titres qui sont soumis à la cote d'une part et les effets commerçables d'autre part.

L'appellation d'effets commerçables caractérise les lettres de change, les billets à ordre et autres souscrits soit par des négociants, soit par des sociétés commerciales non autorisées par le gouvernement. La vente ou l'achat de ces divers papiers se fait aussi bien en banque qu'en bourse. Le bénéfice auquel donne lieu la négociation s'appelle change ou escompte : change, lorsqu'il s'agit d'un effet payable d'une

(1) V. art. 1 de l'arrêté du 27 prair. an X.

place sur une autre; escompte, quand l'effet est à acquitter dans la ville même où il est cédé.

Bien que la loi ait permis aux agents de change seuls d'opérer pour le compte d'autrui sur les valeurs commerçables, cette spécialité est tombée depuis quelques années, sur le marché de la Bourse, dans le domaine d'intermédiaires libres qui portent le nom de courtiers de change. Les agents de change ne se sont réservé que les opérations sur les effets publics et autres susceptibles d'être cotés.

Les effets publics se divisent en deux catégories. La première comprend ceux que l'on appelait autrefois effets royaux, à savoir : 1° les inscriptions de rentes viagères; 2° les inscriptions de rentes perpétuelles, dites 5 p. 0/0 consolidés (1), c'est-à-dire conservés par la loi du 9 vendémiaire an VI; 3° les bons royaux ou effets de la caisse de service ; 4° les actions sur les canaux de M. d'Angoulême (appelés aujourd'hui du Rhône au Rhin et de la Somme) (2), d'Arles à Bône, de Bourgogne et des quatre canaux (de Bretagne, du Nivernais et latéral à la Loire) (3). A tous ces titres constatant la dette publique, il faut ajouter : 5° ceux qui, depuis, ont pu être délivrés par l'État à de nouveaux créanciers, par suite de nombreux emprunts dont le dernier a été celui des trois milliards contracté pour l'acquittement de la dette envers l'Allemagne. — La seconde catégorie s'applique : 1° aux titres représentant les sommes dues par les villes et les établissements d'utilité publique;

(1) En 1852, on réduisit de 1/2 p. 0/0 cet ancien 5, qui devint dès lors le 4 1/2 p. 0/0. Une conversion facultative du 4 1/2 en 3 p. 0/0, organisée par M. Fould en mars 1862, a eu pour résultat de ne plus laisser que 40 millions de rentes 4 1/2 0/0.

(2) Ord. 19 juillet, 14 août 1832.

(3) L. 5 août 1821, 14 août 1822.

2° aux actions des compagnies autorisées par l'État, telles que celles des ponts, des chemins de fer, des compagnies d'assurances, de divers canaux, etc. ; 3° aux effets des gouvernements étrangers (ord. du 2 nov. 1823).

Les effets susceptibles d'être cotés sont ceux qui, sans être publics, sont assez répandus, assez estimés, assez fréquemment négociés pour fixer l'attention de la chambre syndicale des agents de change, et donner lieu à un rapport favorable, rédigé et transmis par elle au ministre des finances, qui décide en dernier ressort de l'admission proposée à la cote officielle des cours.

La Cote n'est autre que le certificat, inscrit sur un registre, du taux auquel les marchés sur une valeur se sont opérés pendant une bourse. Voici comment, dans la pratique, l'on procède à sa rédaction.

A Paris, tous les agents de change se réunissent dans leur cabinet après la clôture d'une séance, et non seulement constatent, mais discutent les cours. « Ils sont souvent, dit » à cet égard Crampon (1), l'objet d'un débat animé, surtout » dans les bourses orageuses, non pas, bien entendu, pour » déterminer les prix intermédiaires, mais pour déterminer » les prix extrêmes : le plus haut et le plus bas, ainsi que le » cours d'ouverture. » L'on peut se demander comment un débat est possible sur une question aussi simple. Chaque agent, après avoir fait une négociation, a dû en inscrire le prix sur son carnet. Rien n'est plus facile que de consulter celui-ci. Pour qu'une discussion se conçoive, il faut que le marché de tel ou tel client puisse être annulé. « En effet, il » peut arriver que le cours d'une transaction soit désap» prouvé lorsque les agents se réunissent pour fixer les plus

(1) La Bourse, p. 26.

» hauts et les plus bas prix de chaque valeur mobilière » pendant la journée (1). » Les agents de change se transforment donc en juges des marchés. Cette prérogative, ni le Code, ni les lois antérieures ne la leur ont concédée. Il n'est question que de la constatation des cours, et encore est-elle confiée uniquement au syndic et aux adjoints (2).

Ce contrôle, ce droit de veto, qu'ils s'attribuent sur les opérations des particuliers, étant arbitraire, nul ne doit être tenu de s'y soumettre. Tout acheteur ou vendeur à la Bourse peut exiger l'exécution du marché, au taux convenu, quelque faible ou exagéré qu'il paraisse aux agents de change. C'est là une décision qui se fonde sur la liberté des conventions et qui mérite d'autant plus de faveur que la suppression inique d'une négociation a pour résultats de modifier un grand nombre d'autres.

Beaucoup de ventes et d'achats se font en effet dans les bourses, à un prix également éloigné du plus haut et du plus bas qu'atteindra la valeur, c'est-à-dire au cours moyen. La rente 3 0/0, par exemple, s'est négociée à 71; 70 80; 70 40 et à 70. Les spéculateurs au cours moyen ont eu en vue un prix qui, par le mouvement naturel des transactions, se trouve fixé à 70 50. Qu'après la Bourse, l'opération faite à 70 soit annulée par les agents, les deux cours extrêmes deviennent 71 et 70 40. Les chances des spéculateurs en question sont faussées par l'intervention des agents. Un trait de plume donne au vendeur un gain, à l'acheteur une perte également injuste de vingt centimes par titre.

A la Bourse, nous le verrons, toutes les opérations se

(1) Crampon, p. 6.

(2) V. art. 1 de la loi du 15 pluv. an IV. — Conf., Ord. du 1er therm. an IX.

traitent au comptant ou à terme. Les multiples valeurs qui circulent sur le marché admettent soit uniquement le premier mode de négociation, soit à la fois l'un et l'autre, lorsque par suite de l'importance des offres et des demandes elles sont susceptibles de voir leurs cours soumis à de nombreuses variations. La cote que discutent les agents de change révèle cette distinction.

Nombre d'effets classés n'ont leurs cours notés qu'au comptant. Les rentes françaises, quelques fonds étrangers (1), les actions des grandes institutions de crédit (2), des principales compagnies de chemins de fer français (3), de quelques chemins de fer étrangers (4), enfin quelques rares actions industrielles (5), sont les seules valeurs qui se certifient à terme. Pour dresser la cote de celles-ci, les agents rechercheront : 1° le cours d'ouverture; 2° le plus haut de la journée; 3° le plus bas; 4° le cours de clôture (6). En ce qui a trait aux opérations au comptant, ils mentionnent tous les cours dans l'ordre exact où ils se sont produits (7).

La cote des valeurs ainsi réglée est transcrite par le commissaire de police de la Bourse, sur le registre officiel tenu par lui et parafé à chaque page par le préfet de police. Le syndic et un adjoint ou deux adjoints signent l'inscription ; puis le bulletin est imprimé et vendu. Quatre numéros, certifiés conformes par deux membres de la chambre syn-

(1) Fonds italiens, fonds russes, fonds espagnols.

(2) Mobilier, Foncier, Comptoir d'escompte, Crédit industriel, Mobilier espagnol.

(3) Orléans, Lyon, Nord, Est...

(4) Chemins autrichiens, lombards, russes, romains, portugais, espagnols.

(5) Messageries, Gaz, Transatlantique.

(6) Exemple sur le 3 0/0 : 1er cours, 71 30; plus haut, 71 35; plus bas, 71 20; dernier cours, 71 25.

(7) Exemple sur le 3 0/0 : 71 30, 25, 35, 25, 20, 25.

dicale, sont destinés au ministre des finances, à celui de l'intérieur, à la caisse d'amortissement et à la préfecture de police.

L'admission d'effets à la cote n'est point, à coup sûr, la preuve qu'ils soient bons. Toutefois, entre une valeur qui y est admise et une autre qui ne l'est pas, en dehors de toute autre considération, la préférence du capitaliste doit se porter sur la première » (1). Car la faveur de l'admission implique le gage de certaines formalités sérieuses accomplies. C'est ainsi qu'une société française, anonyme ou en commandite, doit préalablement prouver que le capital social a été souscrit en totalité et que chacune de ses actions a été réellement libérée du quart (2), pour que la négociation de celles-ci soit recommandée à la sanction du ministre par les agents.

Ceux-ci ne montrent pas dans leur choix toute l'impartialité désirable. Ils favorisent telle ou telle compagnie. Et de même qu'ils ne présentent à la cote que les valeurs qui leur plaisent, de même ils ne négocient que celles qui sont cotées. En vain voudrait-on recourir à eux pour opérer sur tous autres titres si connus qu'ils soient, ils refusent obstinément d'agir. Nul moyen n'existe de vaincre leur résistance. Le Code, qui leur fait un devoir de prêter leur concours, n'a point édicté de peine ; il a cru que l'appât du gain suffisait. Il n'avait pas prévu qu'il pût prendre aux titulaires fantaisie de marquer parmi leurs fonctions celles par lesquelles ils consentiraient à s'enrichir. Ce mauvais vouloir a légitimé l'existence de la réunion d'agents clandestins, qui se nomme *la coulisse*.

(1) Crampon, la Bourse. p. 29.

(2) Loi du 24 juillet 1867 (art. 1, 2 et 24).

Aussi vieille que le monopole, poursuivie maintes fois par la police des gouvernements, cette institution, qu'un économiste de Vienne (1) a qualifiée « être au mécanisme des fonds publics ce qu'une roue de transmission est à une machine motrice, » occupe à l'heure actuelle, sur le marché de la Bourse parisienne, une place importante. La coulisse fonctionne soit dans l'intérieur de la Bourse, pendant les heures réglementaires, soit même chaque matin en plein air, de huit heures à dix, sur le boulevard des Italiens et devant le passage de l'Opéra.

Parmi les coulissiers, les uns s'occupent spécialement des rentes et particulièrement du 3 0/0; les autres ont la spécialité des valeurs industrielles; un grand nombre, d'ailleurs, s'occupent en même temps des rentes et des valeurs industrielles. Dans la coulisse, comme au parquet, on fait des marchés au comptant, non pas sur tous les effets, mais sur ceux que les agents ne veulent pas négocier. « On y fait des marchés fermes comme des marchés à primes, avec certaines modifications : ces marchés ne sont ni plus ni moins sérieux que ceux du parquet. Le client a l'avantage de n'y payer que la moitié des droits de courtage perçus par les agents. Voilà toute la différence. Ce qui prouve d'une façon évidente que les opérations à terme sont identiquement les mêmes dans les deux espèces, c'est que les affaires les plus importantes, dans la coulisse des rentes, sont souvent faites pour le compte des agents. Bien que le syndicat interdise les opérations entre agents et coulissiers, il est de notoriété qu'à de très-rares exceptions près, tous les agents ont des coulissiers pour exécuter leurs ordres » (2).

(1) M. de Stadion.

(2) Jeannotte-Bozérian, la Bourse, n° 144.

Une alliance intime existe donc aujourd'hui entre le parquet et la coulisse. C'est que celle-ci procure aux agents d'immenses avantages. « Comme les réunions de la coulisse, plus fréquentes que celles de la Bourse, sont en quelque sorte permanentes, il en résulte qu'un agent qui se méfie d'un client peut à toute heure couper court à ses opérations en faisant faire par un coulissier l'opération inverse. Si les agents étaient forcés d'attendre la Bourse du lendemain et qu'un événement arrivât dans l'intervalle, ils seraient exposés à des pertes considérables contre lesquelles ils ne pourraient se prémunir (1). » Voilà ce qui fait principalement que les agents ne songent point à réclamer contre une institution qui a usurpé une partie importante de leurs priviléges.

D'ailleurs, l'extension qu'a amenée dans les affaires depuis plusieurs années un développement surprenant du crédit, leur rend le préjudice pécuniaire, que la coulisse leur fait éprouver dans les droits de courtage, peu sensible. Leurs fonctions sont assez chargées ; c'est à peine s'ils peuvent suffire à la multiplicité des transactions. Pour diminuer leur travail, ils ont abandonné, nous l'avons vu plus haut, aux courtiers de change la négociation du papier de banque et des métaux précieux.

Toutefois, ils ont conservé l'habitude d'arrêter chaque jour le cours du change sur les autres places, ainsi que celui des matières d'or et d'argent. Deux petits tableaux supplémentaires sont, sur la cote officielle, consacrés à ce double objet. Ces cours, à la différence de ceux qui ont trait aux fonds publics et effets admis à être cotés, ne sont point l'expression exacte des divers taux de toutes les négociations

(1) Jeannotte-Bozérian, la Bourse, n° 114.

qui se font dans une journée. Car, en dehors de la Bourse, ces deux genres de transactions sont pratiqués. La liberté absolue les caractérise, ainsi qu'elle est le propre des marchés sur marchandises, location des navires, assurances, frais de transport par terre et par eau.

A l'exception des marchandises dont la cote pour les négociations qui ont lieu à la Bourse est rédigée conformément au réglement du 1er janvier 1867, selon une distinction à établir entre les courtiers inscrits et les courtiers non inscrits, les cours des autres valeurs sont déterminés, par suite d'un usage constant, à l'aide des renseignements fournis par une commission que désigne la chambre syndicale des courtiers. Le registre où sont portés les cours est tenu par le commissaire de la Bourse. Aucun courtier ne signe les bulletins inscrits.

Toutes ces cotes ainsi constatées et rendues publiques ont une utilité essentielle : elles préviennent les surprises et empêchent ceux qui veulent acheter ou vendre d'être trompés sur le véritable prix des marchandises et autres objets. En outre, elles permettent aux parties de traiter ensemble au cours de telle ou telle date, de tel ou tel instant de la séance. Ainsi, dans les bourses de province, il se fait beaucoup d'affaires sur les rentes au dernier cours de Paris. Les tribunaux auront aussi à puiser dans les cotes souvent des indications indispensables.

En temps de guerre maritime, les armateurs sont tenus d'envoyer des états détaillés des prises dans les principales bourses de commerce pour y être affichés, avec indication du jour de la vente des objets comportant les prises (1).

(1) Arrêté du 2 prair. an XI, art. 82.

SECONDE PARTIE.

Opérations de Bourse.

CHAPITRE I.

Mécanisme des opérations de Bourse.

INTRODUCTION.

Coup-d'œil sur le marché des valeurs à Paris. — Clientèle de ce marché.

Soixante-cinq (1) bourses de commerce existent actuellement en France. La plus importante est celle de Paris. C'est dans l'enceinte de son palais que nous allons pénétrer pour un instant, afin de nous initier sommairement aux us et coutumes de ce monde agité qui forme la population du marché des *effets publics et particuliers*.

Au centre de la salle, dominant le champ de bataille financier, se trouve le *parquet*, ceint d'une balustrade autour de laquelle viennent se ranger les commis d'agent de change. Au milieu du parquet, la *corbeille*. Appuyés sur les bords de celle-ci, les agents de change n'attendent que

(1) Avant l'annexion de l'Alsace et de Metz à l'Allemagne, on en comptait 68.

le coup de l'horloge pour ouvrir le feu des opérations. Midi et demi sonnent; des cris confus s'engagent; les agents *offrent* et *demandent;* la Bourse est commencée et la lutte s'engage. Ce n'est que cris de sauvage, gestes d'épileptique, un bruit comme dans une foire, un vacarme infernal. Vous avez la migraine, et vous n'y comprenez rien. Les agents de change cependant s'entendent parfaitement entre eux. Des gardes circulent dans l'intérieur du parquet, afin de leur remettre les ordres des commis, ordres écrits sur de petits bulletins portant le nom de l'agent, et pour rendre aux commis les réponses des patrons. Il existe, attenant au parquet, un couloir, où se tiennent certains commis d'agent de change qui traitent, ainsi que nous le verrons, les affaires au comptant. Devant eux est le crieur qui annonce à haute voix à un public qui ne l'entend pas les cours de la rente et de la Banque de France. Du côté opposé, à peu de distance du parquet, un groupe d'individus profère des cris plus étranges, plus bizarres que ceux des agents; ce sont les *coulissiers* dont nous avons indiqué le rôle. Enfin, au fond de la salle, sous la galerie de l'Horloge, les courtiers de change vont de côté et d'autre pour chercher à vendre ou pour découvrir, afin de les acheter, les valeurs qu'ils sont chargés de négocier. Sous cette même galerie siégent les hommes qui tiennent entre leurs mains les destinées de la Bourse, c'est-à-dire les banquiers, les capitalistes, les grands faiseurs. Partout ailleurs, les clients plus humbles forment la haie. Devant cette haie courent, s'agitent les commis qui portent les cours à leurs clients et vont chercher les ordres de ceux-ci.

Tel est, en quelques traits de plume, l'aspect intérieur de la Bourse. Les gens qui la fréquentent pour opérer sur les valeurs mobilières, *acheter* ou *vendre* (toutes les opérations de bourse se résument en ces deux mots), se partagent naturellement en trois classes.

La première comprend ceux qui absorbent les valeurs en ouvrant leur portefeuille à celles de leur choix, sans autre préoccupation que de s'assurer des arrérages périodiques et réguliers. Cette classe est celle des *rentiers*. — La seconde a en vue un tout autre revenu que celui de l'intérêt fixe : on vient travailler, à la Bourse, des valeurs spéciales, principalement celles qui bénéficient de la cote à terme pour, à un moment donné, encaisser une plus-value supérieure au gain qu'on abandonne volontairement en négligeant les coupons. Nous venons de parler des *spéculateurs*. — Enfin les *joueurs* forment la troisième classe et viennent opérer sur le marché sans titres et sans argent, en combinant des calculs avec des prévisions plus ou moins heureuses pour profiter des différences qui naissent de la fluctuation constante des cours. Ils passent en quelque sorte un contrat avec le hasard et attendent tout de cet auxiliaire aveugle qui les conduira à la ruine ou au succès. Ces trois groupes ont leur parrallélisme dans les penchants du capital qui est tour-à-tour ou modeste, ou ambitieux, ou audacieux, selon qu'il a plus ou moins de besoins à satisfaire, selon encore qu'il se sent naturellement porté ou vers le repos, ou vers le travail, ou vers les aventures.

De tout ceci, il suit que : pour esquisser le mécanisme des opérations de bourse, nous devrions logiquement distinguer trois catégories *principales* correspondantes à celles que nous venons de tracer. Mais l'usage s'est introduit depuis un certain nombre d'années de qualifier de spéculateur même le joueur. Obéissant à cet usage, nous n'offrirons, comme double point de départ à notre étude, que deux grands groupes : 1° celui des opérations *de placement;* 2° celui des opérations *de spéculation.*

SECTION I.

Opérations de placement.

Elles se confondent avec les *marchés au comptant,* achats et ventes de valeurs, dont on prend ou dont on fournit livraison immédiate.

Argent et titres doivent, avant l'heure de la Bourse, être déposés chez l'agent de change. Ainsi le veut la loi ; mais, dans la pratique, les affaires se traitent sur la base de la confiance. « Il suffit qu'un client soit un peu connu de » l'agent pour que ses ordres au comptant soient exécutés » sans provision anticipée de titres, s'il veut vendre ; d'es- » pèces, s'il veut acheter (1). » Ce mode de procéder est dangereux pour l'agent de change. Car, que la promesse soit de payer, soit de livrer, manque d'être réalisée, il sera responsable du paiement et de la livraison de ce qu'il aura acheté ou vendu (arrêté du 27 prair. an X, art. 13).

La transmission des titres, quand ils sont nominatifs, s'effectue après un délai moyen de vingt jours, nécessaire au transfert. Pour les valeurs au porteur, l'acheteur peut, le sixième jour, exiger tradition (2).

Le particulier qui, voulant vendre ou acheter au comptant, aura fait la remise réglementaire des effets ou des espèces, serait en droit d'exiger de l'agent un reçu ou un certificat de reconnaissance (arrêt du Cons., 24 sept. 1724, art. 29).

(1) Crampon.

(2) V. Dictionnaire de la spéculation, année 1872.

Cette mesure est encore purement théorique. « L'exercice, » dit Crampon, en paraîtrait ridicule dans la pratique jour- » nalière. La simple inscription du dépôt de titres ou d'es- » pèces, faite devant le déposant sur un des livres de l'in- » termédiaire officiel, est considérée d'ordinaire comme une » garantie suffisante. »

Toute vente ou achat est constaté par un bordereau timbré, énonçant le cours, le capital, le courtage, que l'agent de change signe et remet à son client. Légalement, la signature de celui-ci devrait aussi y être apposée toutes les fois qu'il a consenti à être nommé dans l'opération (1).

Pour négocier le comptant, les agents de change ont à la Bourse des commis. Maints arrêtés de la chambre syndicale le leur ont défendu. Ils ont constamment enfreint ces ordres.

SECTION II.

Opérations de spéculation.

Ici, une livraison et un paiement plus ou moins éloignés forment l'essence du contrat. Il s'exécutera à un jour fixé, dit *de liquidation* (2).

Selon que cette exécution se pratique par une remise effective de titres et un versement de fonds intégral ou ne se révèle que par l'acquit d'un écart entre les cours à l'instant de la conclusion et à celui du terme du marché, nous sommes en présence *d'une opération réelle* ou d'une

(1) V. art. 109, Cod., combiné avec l'art. 19 de l'arrêté du 27 prair. an X.

(2) Les rentes françaises se liquident le dernier jour de chaque mois. Les act. de la Banque de France, du Crédit fonc., des chem. de fer franç. le lendemain. *Idem* pour les autres valeurs cotées à terme (fonds étrangers, act. industr., Gaz, Suez, etc.) qui ont, en outre, une liquidation le 16.

opération différentielle. Affaire simulée, agiotage, jeu, voilà aussi les noms dont on qualifie cette dernière qui, ainsi que l'autre, n'est qu'un pur *marché à terme ou à livrer*. Sous cette appellation générale, il convient de grouper : 1° le marché à terme ferme; 2° le marché à terme conditionnel ; 3° le report ; 4° l'arbitrage.

I.

Du marché à terme ferme.

Une personne a dans son portefeuille 10,000 livres de rente 3 0/0 par exemple, elle croit à la baisse si les événements prévus se réalisent, le titre qu'elle a acheté 65 ne vaudra plus que 60. D'autre part, un spéculateur plus confiant croit à la hausse; il espère que le mouvement dès affaires croissant de jour en jour, il pourra, en achetant actuellement des rentes 3 0/0 à 65, les vendre à la fin du mois, avec un bénéfice de 5 fr. sur chaque coupon. Par l'intermédiaire de deux agents de change, la première de ces deux personnes vend à l'autre ses 10,000 livres de rentes *fin prochain*, au prix de 65 fr. Si donc les espérances du vendeur s'accomplissent, il aura gagné la différence des deux cours ; si l'acheteur triomphe dans ses prévisions, il aura fait un gain analogue, puisqu'il revendra 70 fr. ce qu'il aura acheté 65.

Le spéculateur qui croit le moment propice pour vendre à terme n'a ni titres en mains, ni capitaux pour s'en procurer présentement. Il agira *à découvert*, c'est-à-dire il vendra fin courant ou prochain, par le ministère de son agent de change, les titres qu'il n'a pas. Si la baisse survient, il se les procurera à un bon prix et les fournira à son acheteur qui s'est engagé à les payer plus cher ; il gagnera comme ci-dessus la différence du premier cours au dernier ; si la hausse se produit, il faudra acheter des titres pour remplir ses engagements, et la perte retombera sur lui.

Pour éviter l'achat des valeurs par le vendeur qui s'est engagé à les fournir, l'on n'opérera souvent qu'en vue des différences à acquitter suivant la variation des cours. Il sera convenu entre les joueurs que le vendeur qui a spéculé à la baisse sera censé racheter à l'acheteur qui a spéculé à la hausse la même quantité d'effets qu'il lui a vendus. Les marchés se compenseront, sauf la différence entre le prix des deux négociations, différence qui profitera au vendeur primitif s'il y a baisse, à l'acheteur primitif s'il y a hausse.

Tel est le marché ferme sous ses principaux aspects. Fondé sur les oscillations du cours, les caprices de la fortune, il peut se définir une vente ordinaire dont l'exécution, soit réelle, soit fictive, est reportée à une époque déterminée, sans que les contractants puissent se soustraire aux conséquences parfois désastreuses de l'opération.

II.

Du marché à terme conditionnel.

Il diffère du précédent en ce que, loin de comporter des engagements définitifs et invariables, il confère au vendeur ou à l'acheteur une faculté d'option relative à l'époque, au mode, à l'objet de l'exécution, à l'exécution même de la convention ou à plusieurs de ces points en même temps : « En se réservant l'option en ce qui a trait à l'exécution de

» la convention, les parties se réservent le droit de livrer ou » de ne pas livrer les valeurs, respectivement de les accepter » ou refuser. L'option sur l'objet de l'exécution confère aux » parties le droit de livrer, respectivement d'exiger la » totalité ou une portion ou le multiple de l'objet de la vente. » L'option sur le mode d'exécution leur donne le droit de » livrer ou d'exiger la livraison, et enfin dans l'option sur » l'époque de l'exécution, elles puisent la faculté de devancer » l'époque à laquelle elles pourront faire et respectivement » réclamer la livraison (1). »

Le privilége d'option s'obtient à l'aide d'un prix à solder, la *prime :* de là l'expression, *marché à prime,* vulgairement employée pour désigner le marché à terme (conditionnel, libre ou à option) qui, lorsque celle-ci porte exclusivement sur l'exécution, s'appelle marché à *prime simple,* et dans toutes les autres hypothèses, marché à *prime composé.*

1° Du marché à prime simple.

Son caractère, nous le savons déjà, c'est d'impliquer pour le vendeur ou l'acheteur une possibilité de renoncer à l'opération. Son but n'est autre que d'assurer contre les risques d'un marché qui peut lui être défavorable l'une des parties contractantes, tout en offrant à l'autre, comme compensation du désavantage qu'elle encourt, une prime à recevoir.

X... a des raisons pour croire à la hausse. Il est persuadé qu'en achetant aujourd'hui 3,000 fr. de rentes, il pourra les revendre avant la liquidation avec un écart qui le mettrait en gain de 1,000 fr.; mais ses prévisions pourraient être

(1) M. E. Worms.

déjouées par un événement inattendu ; un incident pourrait amener pour lui une perte égale au gain qu'il prévoit. L'éventualité de cette perte lui donne à réfléchir, et, pour se soustraire à ce contre-temps, il convient d'une somme de 250 fr., par exemple, qu'il paiera pour annuler son achat à sa volonté. Cette somme s'appelle une prime de 25 centimes. Il est vrai qu'il paiera ses 3,000 fr. un peu plus cher que les achetant ferme : si le ferme vaut 58 fr. en achetant, dont 25 centimes, il paiera 58 fr. 30 ou 58 fr. 40. Soit. S'il a mal auguré, il ne perdra qu'une somme fixée d'avance, tandis que s'il a été heureux dans ses prévisions, il pourra profiter d'un gain illimité, gain qui commencera pour lui aussitôt que les 30 ou 40 premiers centimes de hausse seront débordés.

On fait sur la rente des primes du lendemain (mais hors parquet seulement), des primes fin courant et des primes fin prochain. Celles du lendemain varient de 0 fr. 05 à 0 fr. 25 c.; celles pour fin du mois, de 0 fr. 25 à 1 fr., et celles pour fin prochain, de 0 fr. 50 à 2 fr. Dans la pratique, l'acheteur est d'ordinaire le donneur de prime.

Le jour de la liquidation, à 1 h. 1/2, pour les primes fin du mois, et tous les jours à 2 h., pour les primes du lendemain, s'effectue à la Bourse la *réponse des primes :* c'est-à-dire l'acheteur à prime déclare s'il entend, oui ou non, prendre livraison des titres qui lui ont été vendus. Il va sans dire que sa réponse ne sera dictée que par son intérêt et qu'il *lèvera* les titres achetés, s'il trouve avantage à le faire.

Pour reprendre notre espèce précédente, un achat de 30,000 fr. de rente a eu lieu à 58 50/25. L'acheteur réalisera son marché le jour de la réponse des primes, si le cours de la rente dépasse 58 25, attendu qu'en délaissant son vendeur, il aurait 250 fr. à abandonner (0 fr. 25 cent. par 3 fr. de

6

rente), somme supérieure à celle qu'il perdrait en se liquidant au-dessus de 58 25, soit avec un écart n'atteignant point le montant de sa prime.

Du reste, il n'entre pas dans les usages de consulter l'acheteur pour connaître sa réponse, laquelle est considérée d'office affirmative ou négative, selon que le maintien ou l'annulation du marché lui est ou non favorable.

Du marché à prime composé.

Il revêt dans la spéculation la forme de six types principaux :

1er Type. *(Opération de prime contre prime.)* — Elle est l'alliance de deux marchés à prime simple. Le spéculateur figure dans l'un en qualité d'acheteur ; dans l'autre, en qualité de vendeur. Trois hypothèses se pratiquent.

(a) Le spéculateur est pour l'un des marchés le donneur de prime, pour l'autre l'accepteur. — Ex. : Paul, voyant différents indices annoncer la hausse, achète 15,000 fr. de rentes livrables fin courant à 57 30, dont 1 fr. Il vend la même quantité livrable à la même époque à 57 70, dont 0 fr. 50 cent. La hausse pressentie vient à jour nommé. Les deux opérations à prime deviennent deux opérations fermes. Paul gagne l'écart existant entre 30 et 70 cent. Le maximum de son gain était limité à cet écart et la hausse lui l'assurait. La baisse l'aurait mis dans la nécessité d'abandonner 1 fr., mais lui aurait fait consentir d'un autre côté 0 fr. 50 cent. (prime abandonnée), de sorte que sa perte nominale de 500 fr. eût été réduite à une perte effective de 250 fr. au pis aller.

(b) Le spéculateur est pour les deux marchés le

donneur de prime. — Si les cours tombent, il fera le vendeur ; s'ils montent, il fera l'acheteur. S'ils ne subissent aucun mouvement, il renoncera à sa double opération.

(c) Le spéculateur est pour les deux marchés l'accepteur de prime. — Que les cours ne varient pas, il bénéficiera de deux primes. S'ils changent en hausse, le donneur de prime acheteur à qui elle sera profitable fera exécuter le marché, tandis que le donneur de prime vendeur y renoncera.

2e Type. — Deux individus seulement sont en présence. Le premier s'engage vis-à-vis du second à lui fournir, à un certain terme, des valeurs, ou à les recevoir de lui ou à considérer le marché comme non avenu, le tout au choix de ce dernier. Un tel droit d'option s'acquiert par le secours d'une prime qui ne sera payée qu'au cas de renonciation au marché.

3e Type. — Le spéculateur a encore le pouvoir d'exiger ou de faire la livraison à son gré. Mais il ne lui est plus possible de mettre à néant l'opération. Le traité ainsi conçu fixe un plus haut cours pour le cas où le donneur de prime prendra livraison, un plus bas pour la situation inverse. La prime se calcule en prenant la moitié de l'écart existant entre les deux cours.

4e Type. — L'un des contractants est libre de ne pas accepter, respectivement de ne pas livrer une portion fixe des valeurs en jeu. Mais suivant qu'il voudra tenir le rôle d'acheteur ou de vendeur, le restant devra être soit reçu par lui à un cours plus élevé, soit livré à un cours moins élevé que celui qui est convenu pour la totalité des valeurs.

5e Type. — Le donneur de prime possède l'avantage de pouvoir, à l'époque de la liquidation, augmenter dans une mesure déterminée le nombre de titres qui a fait l'objet de la convention. Tantôt c'est l'acheteur, tantôt le vendeur qui se ménagera cette faveur.

6e Type *(Escompte)*. — Ici, il s'agit de l'exercice du droit que se réserve très-souvent l'acheteur d'effets négociables à terme de demander à son vendeur livraison anticipée des titres acquis. La prime n'apparaît pas isolément, mais se retrouve dans l'augmentation du prix d'achat. Pour user de son privilége, l'acquéreur doit prévenir son vendeur au moyen d'une affiche apposée dans le cabinet des agents de change. Ce n'est que cinq jours après cette formalité qu'il lui est permis d'escompter son marché en le réalisant avant l'époque convenue. Si le vendeur est propriétaire du titre, peu lui importe l'escompte puisqu'il est en mesure de livrer ; mais si la vente a eu lieu à découvert, ce qui arrive fréquemment, il faut qu'il s'en procure l'objet, et cette nécessité introduit sur le marché un acheteur qui ne s'y serait pas présenté. Cet acheteur nouveau, en augmentant la demande sur le marché au comptant, concourt ainsi malgré lui et contre son intérêt à élever les cours. Aussi l'escompte est-il un de ces moyens énergiques qu'emploie quelquefois la spéculation à la hausse qui a intérêt à soutenir les cours. La durée de l'exercice de l'escompte est réglée par la convention. Fort rarement le vendeur le revendiquera.

III.

Du report et du déport.

Le report consiste dans la conclusion simultanée entre deux personnes seulement *(le reporteur* et *le reporté)* d'un double marché, l'un au comptant et l'autre à terme. Le reporté vend, pour être payés de suite contre livraison immédiate, au reporteur les titres que celui-ci n'a acceptés qu'à condition de les lui céder à son tour plus tard et à un prix plus élevé (1). La différence entre les cours de l'achat au comptant et de la revente à terme constitue *le prix du report*. Cette combinaison mixte se présente de deux façons :

1° Paul possède 60,000 fr., dont il aura l'emploi dans un mois. S'il veut placer cette somme en attendant, il trouvera difficilement un emprunteur pour un si court espace de temps. Cet emprunteur, il renonce à le chercher et il va à la Bourse acheter au comptant, de Pierre, qui a un besoin momentané d'argent, 3,000 fr. de rente au cours de 60 par ex., en même temps qu'il donne l'ordre de lui revendre la même quantité fin du mois, au cours de 60 40, si le report est de 40 centimes. De cette manière, il aura ses fonds à l'époque voulue et il aura encaissé 400 fr., soit 8 0/0, pour un dépôt à un mois garanti par un nantissement de titres ;

2° Lorsqu'une valeur atteint un cours élevé, il arrive qu'une grande partie des titres *se déclasse*, c'est-à-dire sort des mains du capitaliste qui veut profiter des prix avantageux pour réaliser et passe dans les mains du spéculateur. A un moment donné, celui-ci se trouve surchargé de titres et ne peut être pourvu des fonds nécessaires pour acquitter toutes les offres de livraison dont l'accablent ses vendeurs. Voici comment il opère : il fait prendre réception des valeurs par un capitaliste, qui les lui revend à terme et qu'il indemnise en consentant un rachat avantageux. De

(1) Le report se fait surtout sur la rente. Celle-ci, en marchant vers l'échéance, se grossit jour par jour de l'intérêt. Il est naturel que, vendue fin du mois courant ou suivant, elle le soit à un prix plus élevé qu'au comptant.

cette sorte, en payant un report qui varie selon les exigences dudit capitaliste, il obtient un ajournement d'un mois pour l'exécution de ses marchés et il a chance de pouvoir mettre à profit ce délai pour améliorer sa situation.

Une opération sur le report équivaut donc, au fond, à un prêt sur nantissement de valeurs, prêt productif d'intérêts qui se chiffrent quelquefois par 30 et 40 0/0.

Le déport se produit dans le sens inverse du report. Il y a un déport sur une valeur lorsqu'elle vaut moins cher à terme qu'au comptant. Les opérations sur le déport ne sont, à vrai dire, qu'un prêt de titres contre la valeur sonnante des mêmes titres, augmentée du prix du déport. Ce prêt prend la forme d'une vente au comptant et d'un rachat à terme consenti à un prix moins élevé. Le déport se révèle sur le marché lorsqu'il y a plus de titres demandés que de titres offerts.

De ce qui précède, il résulte qu'il y a report sur une valeur lorsque les cours du terme sont plus élevés que les cours du comptant, et qu'il y a déport sur la même valeur lorsque le contraire a lieu, c'est-à-dire dans le cas où les cours du comptant sont supérieurs à ceux du terme. Quand terme et comptant sont au même cours, on dit que le report est au pair.

Le report se négocie parfois *sur prime :* reporter ainsi, c'est acheter soit ferme, soit à prime fin courant, les titres qu'on revend à prime fin prochain.

IV.

De l'arbitrage.

Le spéculateur s'y livre lorsque, échangeant une valeur

contre une autre, il obtient un gain. Primus est détenteur de 100 obligations ottomanes. A la cote de tel jour, leur cours est de 325, tandis que celles de l'emprunt turc ne valent que 300. Les unes et les autres sont remboursables à 500 et donnent droit à 30 fr. d'intérêt par an. Primus donne ordre de vendre ses ottomanes et d'acheter en leur place 100 titres turcs. La vente ayant eu lieu à 32,500 et l'achat à 30,000, l'arbitrage produit donc dans l'espèce un bénéfice de 2,500, dont il faut défalquer un double droit de courtage.

C'est en pratiquant sur une grande échelle ce genre de spéculation que telles maisons de banque ont su fonder et maintiennent leur prospérité. Des relations étendues, le concours de correspondants intelligents et actifs, une compétence précieuse en matière de change, leur permettent d'opérer non seulement sur une place, mais sur deux entre lesquelles une rupture d'équilibre existe dans les prix d'une même valeur. Il n'est pas rare, en effet, de voir un titre, admis à plusieurs bourses, s'y négocier dans la même journée à des écarts de prix assez considérables. Acheter une valeur sur tel marché qui la cote en baisse, pour vendre la même valeur sur tel autre marché qui la cote en hausse, c'est une opération que nombre de banquiers effectuent sans cesse, car cet arbitrage leur offre encore un excédant de recette assuré.

V.

De la spéculation sur les marchandises.

Les effets publics et particuliers ont fait jusqu'à présent l'unique objet de notre examen. Mais, hâtons-nous de le dire, il est un autre cercle d'action dans lequel se meut la spéculation : nous avons nommé le marché des *différents produits*. Tous les jours, à la halle, dans les bourses de marchandises, il se forme des ventes dans lesquelles le vendeur n'a pas la propriété de la chose vendue et l'achète après la vente pour en faire la livraison à l'époque convenue. Un commerçant, qui pense que le prix de certaines denrées baissera, les vend au prix du jour du contrat pour les livrer dans un mois par exemple. Il ne les possède point, mais il les achètera pour le jour de la livraison. Le bénéfice de son opération consistera à avoir vendu au moment de la hausse ce qu'il achètera pour livrer au moment de la baisse.

Quelquefois, sous l'apparence d'une vente à terme, se cache une convention purement fictive, un jeu ; faisant abstraction de l'exécution réelle du marché, les parties n'ont eu en vue que le paiement des différences. L'agiotage, en effet, ne s'en tient pas aux valeurs ; dans sa fièvre de gains, il s'attaque même aux denrées de première nécessité, pouvant malheureusement, par l'effet d'une hausse factice qu'il tend à produire dans les prix, devenir le fléau des classes pauvres.

Maintenant que d'une façon générale nous connaissons la pratique des marchés à terme, il importe de voir comment ils sont envisagés par la législation et la jurisprudence.

CHAPITRE II.

Législation des marchés à terme.

« Quiconque, dit M. Worms (1), serait tenté d'attribuer » à la législation ce que lui révèle la pratique, commettrait » une erreur considérable. La pratique de nos jours nous » montre, en effet, la spéculation dans toute son activité, » dans toute son ardeur. Au contraire, la législation, si elle » ne prohibe pas formellement les marchés à terme, les » défend du moins implicitement, les rend légalement im- » praticables par les prescriptions les plus importantes qu'elle » impose aux agents de change. » Un aperçu rapide des divers documents législatifs qui ont été promulgués sur les marchés de la Bourse va démontrer la justesse de cette observation.

Le texte le plus ancien qu'il y ait à consulter dans l'ordre d'idées qui nous occupe est l'arrêt du Conseil du 24 septembre 1724, avec lequel, dans notre étude historique des bourses, nous avons déjà fait connaissance. L'art. 29 de cet arrêt ordonne que les particuliers qui voudront acheter ou vendre des effets publics remettront l'argent ou les effets aux agents de change avant l'heure de la Bourse, sur leur reconnaissance portant promesse de leur en rendre compte dans le jour. Cette disposition rend les marchés à découvert impossibles. L'art. 30 impose aux agents de change l'obligation de se fournir dans le jour : c'était prohiber les marchés à terme.

(1) *Sociétés par actions* et *par opérations de bourse*, p. 172.

Les marchés au comptant étaient seuls épargnés; la loi était sévère, la coutume la viola et soumit à son empire libéral les opérations boursières.

En 1785, la situation financière, mauvaise pour de nombreuses causes, était encore aggravée par les manœuvres hardies de la spéculation à la baisse. Le contrôleur général, M. de Calonne, crut opportun de proscrire celle-ci, tout en tolérant la spéculation à la hausse. Pour atteindre ce but, il fallait une combinaison qui, comme le remarque M. Bozerian, tout en maintenant les marchés à terme, empêchât les ventes à découvert et donnât toute facilité aux achats de la même espèce. Un arrêt du 7 août fut édicté par le Conseil en ce sens. En effet, l'art. 7 déclare nuls les marchés et compromis d'effets royaux et autres quelconques qui se feraient à terme et sans livraison desdits effets, ou sans le dépôt réel d'iceux, constaté par acte dûment contrôlé au moment même de la signature de l'engagement.

« On le voit, l'arrêt de 1785, à l'opposé de celui de 1724,
» n'abroge pas même implicitement les marchés à terme;
» il fait mieux, il les reconnaît, il les autorise et il omet
» même de leur fixer un délai : ce qu'il veut, c'est qu'on ne
» puisse pas vendre ce qu'on n'a pas; c'est que les vendeurs
» soient astreints à faire la livraison ou le dépôt des effets
» au moment où ils donnent leurs ordres à l'agent de change.
» Quant aux acheteurs, il ne leur impose aucune obligation,
» et de cette façon il est vrai de dire qu'il avait atteint son
» but, à savoir : d'autoriser des achats à découvert et d'a-
» néantir les ventes de la même espèce (1). »

Mais les marchés à terme, antérieurs à la publication du présent arrêt, l'art. 7 les maintient, sous la condition expresse

(1) M. Worms, p. 181.

de les faire contrôler par le premier commis des finances et de délivrer ou de déposer, par acte en bonne et due forme, dans l'espace de trois mois, les effets dont la livraison aurait été promise. Le contrôle prescrit ayant été fait, on reconnut qu'à côté des marchés fictifs il y avait nombre de marchés qui, sans être au comptant, n'en étaient pas moins sérieux et conclus de très-bonne foi. « C'est ce dont, dit M. Troplong (1), » on fut obligé de convenir aussitôt qu'on eut regardé de » plus près ces transactions si nombreuses qui occupaient » la Bourse et dont la pensée et le but étaient si variés. » Dans un premier moment de panique, on avait vu partout » de la fraude et du jeu. Avec plus d'expérience, on trouva » des spéculations licites sous ce mouvement qu'on avait » imprudemment qualifié d'agiotage. »

Le résultat de cette découverte fut d'amener, le 2 octobre de la même année, un nouvel arrêt portant qu'il pourra être suppléé au dépôt des effets, par ceux qui étant constamment propriétaires des effets qu'ils voudraient vendre, et ne les ayant pas alors entre leurs mains, déposeraient chez un notaire les pièces probantes de leur libre propriété. C'était là, à coup sûr, un adoucissement de rigueur pour les marchés à terme sincères; l'acheteur étant à même de justifier par son contrat qu'il était propriétaire, quoi qu'il n'eût pas les effets en sa possession, était autorisé à les vendre avant l'échéance du terme pour ne les livrer qu'à une époque ultérieure et quand ils lui seraient rentrés.

Ce n'était pas assez : nous nous rallions, avec notre excellent maître M. Worms, aux réflexions si judicieuses exprimées par M. Troplong. « La concession était grande, elle » avait son mérite. Mais était-elle suffisante? Ne renfermait-

(1) *Traité des Contrats aléatoires.*

» elle pas dans un cercle trop restreint le nombre des » marchés sérieux? Pourquoi exiger d'une manière si res- » trictive que le vendeur justifie de son droit de propriété » au moment de l'engagement? Est-ce que le commerce » n'agit pas tous les jours sur des choses qu'on ne possède » pas, pourvu que leur caractère vénal donne la possibilité » de les avoir à l'époque de la livraison? N'était-ce pas une » idée fausse en droit commercial que d'avancer grave- » ment qu'on ne peut pas vendre ce qu'on n'a pas? Et » qu'est-ce autre chose que le commerce, sinon une spé- » culation presque continuelle sur la chose d'autrui? »

L'arrêt du 2 octobre 1785, pas plus que le précédent, n'avait limité à un certain délai l'exécution des marchés à terme. Un arrêt du 22 septembre 1786 répara cette omission en prescrivant que la livraison des effets publics ne pourrait être différée au-delà de deux mois.

Avec l'arrêt du 14 juillet 1787, qui confirme les prohibitions en vigueur, se termine la série des mesures prises par la vieille monarchie contre les marchés à terme (1).

Sous la période révolutionnaire, on revint vite à la sévérité absolue de l'arrêt de 1724. Déjà la loi du 13 fructidor an III avait dans son art. 3 déclaré agioteur tout homme qui serait convaincu d'avoir vendu des marchandises et effets dont il ne serait pas propriétaire, et le punissait comme tel.

(1) Les divers arrêts du Conseil que nous venons de citer, n'ayant été ni revêtus de lettres patentes, ni enregistrés au Parlement, ont pu, avant le décret du 29 juillet 1792, prétendre les écarter sous prétexte d'illégalité. Mais ce décret a mis fin à toute controverse en déclarant qu'on ne pourrait à leur encontre se prévaloir du défaut d'enregistrement. Les arrêts en question ont reçu une nouvelle force législative de la loi du 28 vendémiaire an IV, dont l'art. 4 annule les marchés à terme, parce que, dit-il, ils ont été déjà interdits par de précédentes lois. — V. Troplong, *Contr. aléat.* — Merlin, *Répert.* V° marchés à terme. — Arrêts de la Cour de cassation des 26 août 1791 et 27 novembre 1811.

Celle du 28 vendémiaire an IV frappa indistinctement de nullité les ventes et achats à terme, relatifs aux matières ou espèces métalliques, lettres de change sur l'étranger. C'était nettement, ainsi que le démontre victorieusement M. Worms (1), contre M. Troplong, faire revivre la prohibition générale contenue dans le réglement du 17 juin 1724. En effet, si le législateur n'avait voulu que reproduire les arrêts de 1785 et de 1786, il ne se serait pas servi (art. 15, chap. 1), de ces expressions sans réplique « qu'aucune vente ne » pourrait avoir lieu *qu'au comptant*, de façon que les ob- » jets vendus devraient être *livrés* et *payés* dans les vingt- » quatre heures qui suivraient la vente. »

Comme la loi de vendémiaire ne parle pas des effets publics, l'on peut se demander si par analogie elle leur est applicable dans ses dispositions purement civiles. Nous le pensons, car son titre, décret sur la *police* de la Bourse, révèle une portée générale et, s'il n'est pas question des effets publics, c'est que les effets royaux avaient disparu et que les inscriptions de rente au tiers consolidé n'existaient pas encore.

Le Directoire se maintint, par son arrêté du 2 ventôse an IV, dans la voie où s'était engagée la Convention.

Le Consulat n'a point non plus modifié le système qui prohibe d'une façon absolue les marchés à terme. L'arrêté du 27 prairial an X en fournit la preuve dans cette phrase de l'art. 13 : « Chaque agent, *devant avoir reçu de ses* » *clients les effets qu'il vend ou les sommes nécessaires* » *pour acquitter ceux qu'il achète*, est responsable de la » livraison et du paiement de ce qu'il aura vendu ou » acheté.... » Les marchés à terme sont donc impossibles, surtout en présence de l'art. 2 de la délibération de la cham-

(1) Page 195.

bre syndicale des agents de change de Paris, en date du 12 fructidor an X. Cet art. 2, concernant l'exécution de l'arrêté du 27 prairial, déclare que tous les effets au porteur devront être *livrés* et *payés* dans *l'intervalle d'une bourse à l'autre*. Quant aux inscriptions de rente et aux effets transmissibles par le mode de l'endossement, on n'admet pour tous délais que ceux qu'exige nécessairement les formalités de l'endossement et du transfert.

Après la législation intermédiaire vient le Code Napoléon. De toutes ses dispositions, celles qui ont certainement le plus trait aux opérations de bourse sont les art. 1965 et 1966. Or, ces articles nous apprennent que la loi n'accorde aucune action ni pour le paiement d'un pari, ni pour une dette de jeu, à moins qu'il ne s'agisse de jeux propres à exercer au fait des armes, de courses à pied ou à cheval, de courses de charriots, du jeu de paume et autres jeux de même nature qui tiennent à l'adresse ou à l'exercice du corps. « Ces articles mêmes sont donc, comme on le voit, » conçus d'une façon trop générale, trop large, pour qu'on » puisse faire tomber sous leur application les jeux de » bourse dont ils n'ont pas cherché à déterminer les carac- » tères distinctifs, et ils semblent ainsi, par leur rédaction, » s'en être rapportés sur la question qui nous occupe à la » législation spéciale (1). » Par suite, l'arrêté du 27 prairial an X, sous l'empire du Code civil, continue à être applicable; l'interdiction absolue persiste implicitement contre les marchés à terme.

Ce n'est point le Code de commerce qui lèvera cette interdiction. Son article 86, en défendant aux agents de change de se rendre garants de l'exécution des marchés dans les-

(1) M. Worms.

quels ils s'entremettent, exclut forcément les opérations à terme qui impliquent cette garantie. Jamais, en effet, lors de l'engagement, l'acheteur ou le vendeur ne remet à son agent de change l'argent ou les titres, et cependant cet officier public ne peut dispenser ses clients de ladite remise sans devenir lui-même garant de l'opération. Les marchés au comptant sont donc seuls, comme en 1724, légalement réalisables.

Nous arrivons enfin au Code pénal. L'art. 421 punit sévèrement le pari sur les effets publics, et l'art. 422 le définit : « toute convention de vendre ou de livrer des effets publics qui ne seront pas prouvés par le vendeur avoir existé à sa disposition au temps de la convention ou *avoir dû s'y trouver au temps de la livraison.* »

Pour certains auteurs, il y aurait dans cet art. 422 toute une révolution dans la législation civile des marchés à terme. Non seulement l'arrêt de 1724 serait mis à néant, mais ceux de 1785 et de 1786 seraient de beaucoup dépassés, en ce sens que, pour vendre à terme, il suffirait désormais d'être propriétaire des titres au moment de la livraison. C'est, à notre sens, une grave erreur ; l'ordre d'idées prévu par l'art. 422 du Code pénal n'a aucun rapport avec la question de nullité ou de validité des marchés à terme. Le domaine de la répression n'est pas celui du droit civil ; le législateur a dû naturellement se montrer plus difficile quand il s'agissait de punir que quand il s'agissait d'annuler un acte.

Écoutons Merlin dans ses questions de droit : « On sait, » dit-il, qu'il n'en doit pas être du cas où il s'agit d'intérêts » privés comme du cas où il s'agit de la vindicte publique. » Dans le premier, la loi civile ne fait qu'user d'un pouvoir » légitime lorsqu'elle refuse tout effet à un marché qui a été » fait à terme, sans remplir les formalités dont l'absence

» emporte à ses yeux la preuve qu'il n'est qu'un pari dé-
» guisé. Dans le deuxième, la loi criminelle s'armerait d'une
» rigueur excessive si, de ce qu'un marché à terme n'est
» pas revêtu des formes requises pour être obligatoire dans
» l'intérêt privé des contractants, elle inférait qu'il doit être
» puni comme s'il n'était réellement qu'un pari, sans prouver
» par tout autre moyen qu'il n'en a pas le caractère. »

M. Coffinières, qui, dans cette controverse, partage l'avis de Merlin, donne à l'art. 422 sa vraie signification, lorsqu'il termine sa discussion en ces termes : « La disposition pénale
» se trouve donc ici en parfaite harmonie avec les principes
» consacrés par la législation civile ; on ne devait pas insérer
» dans le Code des délits et des peines un article pour pro-
» noncer la nullité des marchés à terme ; mais infliger une
» peine d'emprisonnement et d'amende à ceux qui con-
» tractent de tels marchés, c'est bien sanctionner d'une
» manière formelle la prohibition prononcée par les lois et
» réglements sur la matière. »

En résumé, le Code pénal n'ayant rien changé dans la situation civile des marchés à terme, ils restent tels qu'on les pratique, inconciliables avec les préceptes de validité légale.

CHAPITRE III.

Jurisprudence concernant les marchés à terme.

Les tribunaux s'arrogent de nos jours, au sujet des marchés à terme, une liberté d'appréciation complète. Sans s'inquiéter si les formalités, prescrites par les lois spéciales, ont été observées, ils se croient autorisés à valider ou à annuler les marchés à terme, selon qu'ils les trouvent sérieux ou non.

Avant de se placer ainsi à côté de la loi, la jurisprudence a traversé diverses phases ; nous les résumerons très-brièvement.

Sous l'empire des arrêts du Conseil, alors que l'arrêté du 27 prairial an X n'était point encore édicté, la doctrine, consacrée par le tribunal de cassation, fut qu'il ne fallait point étendre les concessions faites par les réglements de 1785 et de 1786, et qu'à défaut de se trouver dans leurs propres termes, on était dans une situation illégale, que rien ne pouvait couvrir ni sauver. « Il n'y a que trois manières légitimes de vendre les effets publics, disait le procureur-général Merlin (1), ou livraison actuelle des objets vendus, ou dépôt de ces mêmes effets, ou dépôt de pièces constatant que l'on est propriétaire. Et le tout au moment même où le marché se contracte... Les arrêts de 1785 ne permettent pas à celui qui n'a que le *jus ad rem* de vendre l'effet sur lequel il a ce droit ; ils n'autorisent à vendre que le propriétaire réel et actuel. »

Dès que parut l'arrêté de prairial an X, si incompatible

(1) V. son réquisitoire dans l'affaire Rigoult contre Lancel.

dans ses prescriptions avec la pratique des marchés à terme, il semble que ç'aurait dû en être fait de la reconnaissance judiciaire de ceux-ci. Loin de là ; la Cour de Paris dans deux arrêts, l'un du 12 fructidor an XIII (Soubeiran contre Fissour), l'autre du 29 mai 1810 (Delatte contre Porteau), proclama leur validité par la raison étrange que la faculté d'escompte réservée à l'acheteur les assimile aux marchés du comptant. L'arrêt (Delatte contre Porteau) contenait aussi ce motif, que du reste il n'existe aucune loi en vigueur qui proscrive les marchés à terme. « Nous sommes, dit à ce propos M. E. Worms, un peu comme M. Emile de Girardin ; nous comprenons tous les systèmes, excepté ceux qui sont inconséquents avec eux-mêmes. Si les conseillers ne voyaient pas de mal aux marchés à terme, pourquoi tant s'efforçaient-ils de leur donner une autre couleur ? »

La Cour de Paris ne délaissa ses prétentions que pour en éditer une non moins bizarre. Dans l'affaire Bresson contre Jacques, par arrêt du 18 septembre 1812, elle affirma que ni acheteur ni vendeur ne pouvait opposer de nullité à l'agent de change qui lui prêtait son concours, attendu que de l'un à l'autre il n'existait que des rapports de mandant à mandataire.

Ces théories eurent cours jusqu'en 1823. A cette époque, un souffle de réaction passa sur les tribunaux ; des archives, où ils dormaient oubliés, on exhuma les arrêts de 1724, de 1785 et 1786 ; rendant même au premier vigueur de loi, les tribunaux décidèrent que les marchés à terme sont absolument prohibés.

Après une courte hésitation qui se manifeste dans un arrêt du 29 août 1823 ainsi conçu : « Si des faits et circonstances de la cause il résulte que le marché intervenu n'a été qu'un pari sur la hausse et la baisse, cette opération ne pourra donner lieu à aucune action; » après avoir exigé dans un autre arrêt que l'agent de change reçût une couverture à peine de n'avoir plus de recours contre son client (1), la jurisprudence se fixa; désormais tout marché à terme fut annulé (2).

Le plus remarquable des arrêts qui suivirent cette révolution juridique, celui qui est resté comme le monument commémoratif de l'innovation, c'est l'arrêt Forbin-Janson.

En décembre 1822 et en janvier 1823, le comte de Forbin-Janson avait joué à la Bourse, et la liquidation des opérations faites pour son compte avait fait apparaître une différence considérable à son préjudice. Après avoir d'abord approuvé et ratifié les actes de Perdonnet, son agent de change, M. de Forbin-Janson se refusa à payer le montant des différences, prétendant que les marchés à terme d'où elles étaient nées, proscrits par la loi nouvelle comme par l'ancienne, ne pouvaient donner lieu contre lui à aucune action.

Deux jugements du tribunal de commerce des 20 mai et 6 juin 1823 repoussèrent sa prétention.

Le 9 juin suivant, intervint un arrêt de la Cour de Paris, ainsi motivé : « Considérant qu'il résulte de l'ensemble des lois et réglements sur la négociation des effets publics et sur les obligations imposées à l'agent de change que la volonté constante du législateur, depuis l'établissement des bourses de commerce, a été de prévenir les conséquences désastreuses qu'entraînent pour la société le jeu ou le pari sur la variation du cours des effets publics; — que *dans les marchés à terme*, le caractère du jeu et du pari se manifeste princi-

(1) 1er avril 1820.

(2) Paris, 18 février 1823; — 25 juin 1823.

palement par la circonstance que la livraison des effets vendus *n'a pas été faite entre les mains de l'agent de change, ou que le dépôt des mêmes effets n'a pas été régulièrement constaté au moment même de la signature de l'engagement;* — que le caractère du jeu ainsi défini, il s'ensuit que non seulement les marchés entachés de ce vice sont radicalement nuls, mais que la ratification qui en aurait été faite postérieurement, ainsi que les obligations nouvelles auxquelles ils auraient donné naissance, n'ayant pour cause que des actes illicites, ne peuvent servir de base à une action judiciaire; — considérant qu'en aucun cas l'agent de change ne peut avoir d'action contre son client, puisqu'il est tenu d'avoir les *mains garnies* en opérant pour lui; que la stricte exécution des lois et réglements en cette matière peut seule mettre un frein à cette ardeur immodérée de s'enrichir qui s'est emparée des pères de famille qui, au lieu de se livrer à des professions honnêtes et utiles, se précipitent dans des opérations désavouées par la morale et toujours suivies d'une ruine complète ou d'une fortune désastreuse. »

C'était là un arrêt doctrinal; la Cour, qui aurait pu baser sa décision sur ce point de fait que Forbin-Janson ne jouait que sur des différences, avait voulu aller au-delà et poser en principe que les marchés à terme étaient absolument prohibés.

Perdonnet se pourvut en cassation. Son intérêt était de couvrir les faits d'un voile qui les fît oublier et de discuter, au point de vue du droit et de la coutume financière, la théorie des marchés à terme. Il le fit avec talent.

Voici en quel sens :

Les lois sur la matière des marchés à terme étant contradictoires, abrogées ou tombées en désuétude (1), inapplicables (2) et matériellement inexécutables, les agents de change et le public ont dû établir une jurisprudence fondée sur ce que prescrivaient la raison, l'intérêt général et l'intérêt privé, les usages depuis longtemps introduits. — Ces usages et cette jurisprudence ont reçu du gouvernement une véritable sanction : 1° par l'insertion dans les papiers publics du cours journalier des marchés à terme ; 2° par ses propres opérations en ce genre, opérations pour lesquelles il ne s'est jamais conformé aux prescriptions prescrites par les arrêts du Conseil sous peine de nullité. Au surplus, il est vrai de dire que les art. 421 et 422 du Code pénal impliquent une modification aux anciens réglements.

La Cour suprême, à l'instar de la Cour de Paris, rejeta cette argumentation par arrêt du 11 août 1824, pour établir que d'après les arrêts du Conseil des 7 août, 2 octobre 1785 et 22 septembre 1786, les marchés à terme d'effets publics sont nuls lorsque le dépôt de ces effets ou les formalités qui peuvent y suppléer, aux termes desdits réglements, n'ont pas été exécutés ; — que la prohibition de ces sortes de marchés est reproduite et par conséquent maintenue par la loi du 28 vendémiaire an IV ; — que l'art. 90 com. ne les a pas abrogées, car il se borne à donner au gouvernement le droit de faire des réglements d'administration publique sur la négociation des effets publics, mais il ne révoque nullement les réglements qui existent à ce sujet ; — que l'art. 422, C. P., n'y déroge pas non plus ; qu'il statue sur un délit, tandis que les arrêts du Conseil n'ont en vue qu'une nullité de contrat ; — qu'en fait, il est établi que Forbin-Janson voulait jouer sur les différences et que Per-

(1) V. ci-dessus le second motif donné par l'arrêt *Delatte c. Porteau*.

(2) Cons., même arrêt et arrêt *Soubeyran*.

donnet ne l'ignorait pas ; — qu'il n'est pas plus permis aux agents de change qu'à leurs clients de concourir à des opérations de ce genre et qu'ils ne peuvent pas plus que ces derniers demander l'exécution de pareils actes ; — que les ratifications de Forbin-Janson n'ont pu couvrir une nullité d'ordre public.

Le même jour, un autre arrêt de la même Cour porta une décision semblable dans l'affaire Sandrié c. Coutte. Le 30 nov. 1825, la Cour d'Orléans, dans l'affaire Rouvière c. Gublin, sanctionna sans restriction aucune les principes reconnus en 1823 par le dernier arrêt de la Cour de Paris.

Mais, le 29 mars 1832, le corps de doctrine fut ébréché par un arrêt de la Cour de Paris qui, sans tenir compte ni de l'arrêt de 1724, ni de l'arrêté de prairial an X, et s'inspirant uniquement des arrêts de 1785 et 1786, établit une distinction entre ventes et achats, afin de pouvoir affranchir les acheteurs de la consignation préalable (affaire Loubers contre Verrier).

Cette théorie fut reproduite dans l'arrêt Mène contre Dabrin, rendu à Paris le 9 juin 1836, qui lui cherche même un nouveau fondement dans l'art. 422, Code pénal. D'autres décisions de la même Cour et un arrêt de la Cour de cassation vinrent, en 1842, la confirmer.

On peut dire qu'elle servit comme de transition entre une jurisprudence puritaine, stricte interprète de la légalité, et la jurisprudence nouvelle, qui bientôt triomphante et tenace jusqu'à ce jour, renversera l'ancienne en bravant la loi et s'élevant au-dessus d'elle. Ce fut un terme moyen entre deux systèmes radicaux, terme moyen qui, nous le pensons avec M. Worms (1), ne satisfaisait ni le droit écrit ni la raison.

(1) V. p. 229, 230.

C'est en vain, en effet, que pour fonder en droit la distinction, on invoquait les arrêts du Conseil de 1785 et 1786. Ils ont été mis à l'écart par les monuments ultérieurs de la législation. En vain encore, la Cour de Paris, dans l'arrêt Mène contre Dabrin, que nous avons mentionné, basait-elle son système sur l'art. 422 du Code pénal, par les motifs suivants : « Attendu que si l'art. 422, Code pénal, établit une présomption légale de paris et de jeux de bourse contre la vente d'effets publics que le vendeur ne prouverait pas avoir existé à sa disposition au moment de la convention où de la livraison, la même présomption légale n'en ressort pas nécessairement par analogie contre l'acheteur qui n'aurait pas été nanti des fonds suffisants au jour de l'achat ou de la livraison ; que loin de là, on peut dire que le silence de la loi à cet égard autorise implicitement ceux qui traitent avec l'acheteur à suivre leur foi dans sa moralité aussi bien que dans les ressources que peuvent lui faire supposer sa position sociale et sa fortune apparente, et que, dans le cas d'acquisition d'effets publics, la preuve du caractère aléatoire ou sérieux du marché ne saurait résulter que de l'ensemble des circonstances dans lesquelles il a été conclu... »

Raisonner de la sorte pour créer aux acheteurs à terme une situation différente de celle où sont placés les vendeurs, c'est tirer, témérairement et sans droit aucun, d'une disposition purement pénale une déduction exclusivement civile. Et cette déduction, l'équité même la repousse ; car rien ne permet de concevoir pourquoi une préférence serait accordée aux acheteurs sur les vendeurs à terme.

Et cependant, la Cour de Paris a consacré encore assez récemment une telle inconséquence dans un procès Mismaque contre Marion (1), au sujet duquel elle s'exprimait ainsi :

(1) Arrêt du 19 janvier 1858.

« Considérant que les opérations faites par Marion ne présentent point de la part de ce dernier le caractère de paris et de jeux de bourse; que s'agissant d'achats d'effets publics qui ne nécessitaient point le versement préalable du prix, Marion a pu suivre sa foi dans la solvabilité apparente de Mismaque. » Mais ce n'est plus là qu'une exception à l'identique appréciation des ventes et achats à terme qui depuis 1851 forme la règle souveraine des tribunaux.

« Consulter uniquement, pour l'annulation ou la consécration des marchés à terme, la sincérité et la bonne foi des contractants, se diriger exclusivement d'après l'intention supposée d'exécuter en leur entier les conventions établies ou de les faire servir seulement à la passion du jeu, faire bon marché, et même ne tenir aucun compte des conditions imposées par la loi, voir dans les difficultés à trancher de pures questions de fait, d'équité, d'appréciation, et chercher les éléments de celle-ci dans des circonstances matérielles, comme la proportionnalité des opérations engagées avec la fortune des parties (1) », tel est, en effet, le programme nouveau qu'a inauguré dans la jurisprudence, en 1849, le tribunal de commerce de la Seine.

Son jugement (Billaud c. Duvelleroy) donna gain de cause au plaignant, non plus parce qu'il s'agissait d'un achat, mais à raison de ce seul motif que la solvabilité notoire de Duvelleroy permettait de repousser l'exception de jeu proposée par ce dernier.

La Cour de Paris (2), appelée à statuer, ne changea rien à cette décision. Plusieurs autres arrêts qu'elle rendit, au cours de l'année 1851 (3), absolument dans le même sens,

(1) M. Worms, p. 231.
(2) Arr. du 25 avr.
(3) 15 mars, 16 juill.

levèrent les derniers scrupules ; désormais, l'arbitraire fut la ligne de conduite des diverses juridictions.

C'est ainsi que certaines sentences, empruntées tant au tribunal civil et de commerce qu'à la Cour de Paris, déclarent les agents de change non recevables dans leurs demandes, quand les marchés se sont trouvés en disproportion avec la fortune des clients, ou quand la plus grande partie de ces opérations s'est soldée par des différences.

Il en est d'autres qui, tout en rappelant les dispositions anciennes et récentes s'opposant à tout jeu et pari sur les effets publics, se refusent cependant à y voir l'interdiction absolue des marchés à terme sur ces mêmes effets, et revendiquent pour les tribunaux le droit de les sanctionner au besoin, quand leur sincérité et leur moralité sont à l'abri du soupçon.

Tel jugement du tribunal de commerce de la Seine assimile les marchés à terme avec le jeu, parce qu'il était à la connaissance de l'agent de change que les valeurs vendues n'existaient pas à la disposition du vendeur au moment où il donnait l'ordre et qu'elles ne pouvaient pas s'y trouver au moment de la livraison. — Nombre de décisions, émanant d'autres juges, proclament la validité du marché à terme litigieux, soit quand un certain nombre d'opérations antérieures se sont liquidées par des livraisons ou des prises de titres, soit lorsque des motifs spécieux autorisent l'intermédiaire à tenir pour sérieuses les opérations auxquelles il se livre pour le compte de son client, soit lorsque le vendeur peut établir qu'à l'échéance du terme il avait entre les mains les valeurs par lui vendues, soit enfin, pour en finir avec cette nomenclature que la variété des espèces pourrait rendre bien plus longue encore, quand le client a remis à son agent des couvertures suffisantes pour garantir l'exécution d'opérations antérieures (1).

Ainsi donc, il ne suffit plus, comme dans l'ancienne jurisprudence, qu'un marché portant sur des effets publics soit conclu avec la stipulation d'un terme, pour que par là même et nécessairement il fût traité comme une opération fictive, et la Cour de cassation (2), dans une affaire Cadet contre le syndic des agents de change de Paris, a reconnu, même en principe, à l'agent le droit d'intervenir comme intermédiaire dans tous les marchés à terme.

Les jugements par lesquels la magistrature s'est complétement affranchie des entraves légales se comptent aujourd'hui par centaines, et si, avant 1860, quelques dissidences ou incertitudes se révèlent encore dans de rares arrêts, il est vrai de dire qu'à dater de cette époque, les oscillations ont disparu ; la victoire du fait sur le droit est, à l'heure où nous écrivons, complète : « La question de jeu, dans le cas où il peut y avoir incertitude sur le caractère des opérations dont il s'agit, est une question de fait et d'intention. »

Ces paroles, extraites d'un arrêt récent (3) de la Cour de Paris, résument le dernier état de la jurisprudence. Nous ne l'apprécierons qu'avec réserve ; car, quelque avantageux qu'il soit aux marchés à terme d'effets publics, il n'en constitue pas moins une violation de la loi, ce qui est toujours d'un exemple fâcheux. Concluant avec M. Worms, nous craignons « qu'il n'offre pas toutes les garanties de stabilité qui s'attachent uniquement à un texte positif et formel ; aussi

(1) Paris, 22 nov. 1852, 19 janv. 1858 ; Bordeaux, 15 juin 1857 ; Metz, 23 juin 1857 ; Colmar, 15 juillet 1865 ; Paris, 27 juin 1867, 18 mai 1867 ; Limoges, 12 déc. 1868 ; Lyon, 30 juill. 1869.

(2) Req., 1er oct. 1856.

(3) 26 août 1868.

ce que nous voudrions, ce serait voir consacrer cette évolution finale bien moins par les organes de la jurisprudence que par la volonté du législateur lui-même (1). »

Notre examen de la jurisprudence n'ayant porté jusqu'ici que sur les effets publics, il nous faut, pour compléter notre travail, envisager les règles que les tribunaux observent à l'égard des spéculations sur les marchandises et valeurs autres que les effets publics.

En ces matières, les magistrats n'ont jamais été enchaînés par les réglements, ceux qui parurent aux différentes époques s'appliquant exclusivement aux effets publics. Aussi, toutes les fois qu'ils ont eu à statuer sur un marché à terme, que les circonstances de la cause démontraient être une convention sérieuse, ils l'ont maintenu ; car nul prétexte n'existait pour eux de le proscrire. Mais quand, à travers les dehors trompeurs d'une vente à terme, ils n'ont aperçu qu'un pari déguisé, c'est-à-dire une opération de nature à se résoudre nécessairement en différences par la volonté des parties, ils n'ont point hésité avec juste raison à en prononcer la nullité (2).

C'est là, a dit la Cour de cassation dans un arrêt du 2 février 1845, « une ligne de démarcation salutaire que la loi trace entre la loyale négociation du fruit du travail et de l'industrie, ces spéculations sérieuses du commerce et les marchés fictifs, ces transactions immorales et ruineuses où sont seulement engagées des sommes représentant la différence des valeurs ou de capitaux imaginaires. »

(1) P. 237.

(2) V. Cassat., 20 nov. 1836, 1er avril 1856 ; Paris, 20 août 1826 ; Bordeaux, 28 août 1826 ; Montpellier, 29 sept. 1827, 9 avril 1840, 15 février 1852, 25 janv. 1856 ; Bordeaux, 16 juillet 1840, 24 février 1842, 16 oct. 1846, 4 juillet 1849 ; Lyon, 5 déc. 1846 ; Toulouse, 14 avril 1849 ; Paris, 11 mars 1848, 17 mars 1849, 16 juillet 1851 ; Metz, 3 avril 1856 ; Poitiers, 19 mars 1863...

La logique a manqué au législateur lorsqu'il a complétement prohibé les spéculations à terme d'effets publics ou tout au moins, comme en 1785, exigé la preuve préalable de propriété. Mais les tribunaux ont dans ces dernières années, nous l'avons vu, comblé par leurs sentences l'abîme creusé par la loi.

CHAPITRE IV.

Spéculation et agiotage. — Réprobation de celui-ci. — Légitimité de la spéculation; son heureuse influence sur le crédit de l'Etat; bien-être qu'en retire le commerce de la nation. — Réformes.

Sur la liberté se mesure la richesse d'un Etat. (VILLEMAIN.)

Les chapitres précédents nous ont montré l'hostilité existant entre la législation qui condamne les marchés à terme d'effets publics et la pratique qui en use, qui en abuse même parfois, et qui trouve dans la jurisprudence un appui complaisant. Le moment est venu de prendre parti dans cette lutte. Convient-il de frapper sans merci les manœuvres de la spéculation ou d'en approuver et dans quelle mesure le libre exercice? Voilà la question.

Pour la résoudre, nous devons distinguer entre la spéculation et l'agiotage.

La spéculation, d'après la très-exacte définition de M. Worms (1), s'applique à des opérations de baisse ou de hausse entreprises en vue d'événements réels ou chimériques, indépendants de la personne engagée; l'agiotage, au contraire, se manifeste par des opérations de baisse ou de hausse entreprises uniquement en vue des manœuvres que l'opérateur compte exercer; en d'autres termes, le spécula-

(1) *Sociétés par act. et opérations de Bourse*, p. 356.

teur compte sur les faits extérieurs, tandis que l'agioteur ne compte que sur lui-même.

Dans l'antiquité, l'esclavage fut la plaie du travail ; de nos jours, l'agiotage est celle de la spéculation. Voici comment M. Proudhon (1), dans ce langage qui n'appartient qu'à lui, formule cette vérité : « La spéculation ne pouvait échapper à la commune loi, et comme les pires abus sont ceux qui s'attachent aux meilleures choses, *corruptio optimi pessima,* c'est sous le nom de spéculation que le parasitisme, l'intrigue, l'escroquerie, la concussion dévorent la richesse publique et entretiennent la misère chronique du genre humain. La spéculation, avons-nous dit, est essentiellement aléatoire. Toute combinaison industrielle, financière ou commerciale, emporte avec elle un certain risque ; par conséquent, à côté de la rémunération d'un service rendu, il y a toujours, ou presque toujours, un bénéfice d'agio. C'est cet agio qui sert de prétexte ou d'occasion à l'abus. En tant qu'il sert de compensation au risque que toute spéculation productive emporte avec elle, l'agio est légitime. Recherché pour lui-même indépendamment de la production spéculative, l'agio pour l'agio, enfin, il rentre dans la catégorie du pari et du jeu, pour ne pas dire de l'escroquerie et du vol ; il est illicite et immoral. La spéculation ainsi entendue n'est plus que l'art, toujours chanceux cependant, de s'enrichir sans travail, sans capital, sans commerce et sans génie, le secret de s'approprier la fortune publique ou celle des particuliers sans donner aucun équivalent en échange : c'est le chancre de la spéculation, la perte des sociétés et des Etats. »

Proudhon a raison. Il est sur le sol mouvant de la Bourse

(1) *Manuel du spéculateur à la Bourse.*

des égoïstes cruels, des charlatans habiles qui engagent dans des chemins obscurs, dangereux, sans issue, la foule trop confiante et détournent à leur profit seulement le cours des fortunes privées et des richesses publiques. Que ceux-là soient flétris; qu'ils amassent, avec des écus volés, des trésors de honte et que les hommes loyaux s'irritent! c'est justice.

Quel spectacle, proclame la voix magistrale de D'Aguesseau (1), que celui de ces hommes, de tous états et des conditions même les plus élevées, qui s'accoutument misérablement à se faire un jeu de se tromper mutuellement, de se tendre des pièges les uns aux autres, de répandre de faux-bruits, d'inspirer tantôt des craintes vaines, tantôt des espérances imaginaires, de chercher par toutes sortes de voies à profiter de la crédulité des uns, de l'avidité des autres, et de regarder les faiblesses ou les passions d'autrui comme les instruments de leur fortune!

C'est bien là l'écho de ces paroles d'un ancien (2) : « *Hominem hominis incommodo suum augere commodum, magis est contra naturam quam mors, quam paupertas, quam dolor*. La pauvreté, la douleur et la mort même sont des choses moins contraires à la nature que l'enrichissement par le préjudice qu'un homme cause à son semblable. »

Nous applaudissons donc aux accents d'indignation que les écrivains les plus distingués, pamphlétaires ou jurisconsultes, économistes ou publicistes, ont fait découler de leur plume, aux époques malsaines de notre histoire financière, pour combattre les excès de l'agiotage, « ce désordre aussi nuisible au commerce dont il détourne les fonds qu'aux né-

(1) *Mémoire sur le commerce des actions*, composé en 1720.

(2) Cicéron.

gociations honnêtes dont il trouble toutes les combinaisons (1). »

Et nous sommes heureux de trouver un appui à une réprobation universelle dans notre Code pénal, dont l'art. 419, précis dans ses termes, spécial à notre matière, offre contre l'agiotage un énergique remède : « Tous ceux, dit-il, qui par des faits faux ou calomnieux, semés à dessein dans le public, par des suroffres faites aux prix que demandaient les vendeurs eux-mêmes, par réunion ou coalition entre les principaux détenteurs d'une marchandise ou denrée tendant à ne pas la vendre ou à ne la vendre qu'à un certain prix, ou qui, par des moyens frauduleux quelconques, auront opéré la hausse ou la baisse des denrées ou marchandises, ou des papiers et effets publics au-dessus ou au-dessous des prix qu'aurait déterminés la concurrence naturelle et libre du commerce, seront punis d'un emprisonnement d'un mois au moins, d'un an au plus et d'une amende de 500 fr. à 10,000 fr. »

Grâce à cette disposition, le crédit de l'Etat comme celui du commerce, qu'il s'agisse de denrées ou d'actions, est mis à l'abri de la mauvaise foi et de la ruse ; « les diseurs de fausses-nouvelles, les éditeurs de canards, les propagateurs de bruits mensongers, les faiseurs de réclames à coups de grosse caisse, les apologistes vénaux, les colporteurs de prospectus dythirambiques, les organisateurs de syndicats industriels, les hérauts de souscriptions hyperboliques, les distributeurs de dividendes prélevés sur le capital social, tous ceux qui parviennent à côtoyer sans se laisser choir les bords de l'escroquerie, tous les auteurs enfin et inventeurs de ces tromperies, de ces fraudes et de ces machina-

(1) V. préambule de l'arrêt du 22 sept. 1786.

tions boursières qui sont un scandale public, peuvent être facilement atteints et sévèrement punis (1). »

L'art. 405, C. P., peut être aussi invoqué par le juge : toutefois, la généralité des expressions le rend d'une application peut-être plus difficile que le précédent. Quoi qu'il en soit, l'agiotage est suffisamment frappé par la loi, et nous demandons, avec M. Worms, le maintien pur et simple de celle-ci.

Après avoir parcouru à vol d'oiseau le monde de la rouerie et du danger, détournons nos yeux et regardons plus haut. Une nation, comme un homme, a des membres, un cerveau, un cœur. La Bourse est peut-être à cette heure le cœur de la France. C'est là que, par mille veines, mille canaux, arrive, s'agite et gronde ce métal sacré, l'or, le sang des nations !

Dans leur action directe, les opérations de bourse sont improductives et n'augmentent en rien la richesse générale. C'est dans leurs effets indirects qu'il faut chercher leur utilité. Le grand commerce des valeurs qui se fait à la Bourse a le double avantage de procurer aux propriétaires de ces valeurs la disposition de leurs capitaux, toutes les fois qu'ils veulent les déplacer pour les appliquer à de nouvelles entreprises, et d'attirer vers des placements utiles et commodes des capitaux sans emploi. Par cette double action, le commerce des valeurs agglomère à la Bourse les capitaux et les épargnes; il excite leur concurrence. Il seconde par la hausse des cours la baisse de l'intérêt et rend ainsi d'éminents services à l'État, lorsqu'il est obligé de recourir à l'emprunt ; à l'industrie, lorsqu'elle réclame des entreprises trop considérables pour les efforts et les ressources privées, et qui ne

(2) Jeannotte-Bozérian, t. II. p. 345.

peuvent être tentées que par l'association commanditaire. Quoique la circulation, que les opérations de bourse donnent aux valeurs, ne soit pas directement productive, comme la circulation des capitaux dans le commerce et l'industrie, elle a pourtant une influence indirecte, mais heureuse et féconde. sur les progrès de la richesse générale, puisque sans elle le crédit public et le crédit commanditaire seraient soumis à de gênantes restrictions.

La mobilisation du capital, succès immense, on peut le dire, remporté sur le passé par le présent actif, industrieux, habile et fécond ! « Grâce au bruit qui s'est fait, grâce à l'activité de la spéculation, le capital devenu sensible, mobilisé, a roulé, si l'on peut parler ainsi, sur le lit de la Bourse, comme un fleuve nouveau arrosant sur sa route la terre ingrate et dure, rivière aux mille bras, dont chaque flot est utilisé sans qu'une goutte soit perdue, une molécule égarée (1). » Les plus faibles épargnes, les plus minces billets de banque, le louis et l'écu sont tombés des coins du portefeuille dans le domaine de l'industrie. Le rentier, l'actionnaire est devenu, entre les mains du spéculateur intelligent, l'instrument le plus heureux des découvertes enfantées par l'esprit humain. « Sans lui, sans ces sociétés armées pour la lutte dans le grand duel de l'esprit contre la matière, le fer, le zinc, l'étain, le chêne, le sapin, les os et les muscles du sol, les pierres, l'air et l'eau seraient restés presque immobiles, inertes et barbares. Les voici civilisés. Tout se réunit, se joint, se mêle. On fait des wagons, on fond les chaudières, on creuse les puits profonds, la vapeur siffle, les machines marchent et les entrailles de la terre sont bénies (2). »

(1) V. *l'Argent*, par un homme de lettres devenu homme de bourse.
(2) *Id.*

Sans lui, sans la Bourse, les écus seraient-ils venus se fondre au creuset des grands inventeurs? Ces chemins de fer, ces usines regorgeant de travailleurs, ces villes, ces ports seraient encore à tracer, à bâtir, à creuser. On n'eût pas songé à rapprocher les peuples sur un pont de paquebots; sous les mers, on n'attacherait pas les fils du télégraphe aux rivages des nations, et s'il faut songer à la gloire et au salut de la patrie, où donc se négocient les emprunts faits par l'Etat au nom de l'honneur français, où ramasse-t-on les millions pour forger les canons, acheter du pain aux soldats, des chevaux aux cavaliers, pour payer les frais de la guerre? Plus d'une fois la Bourse a donné la main à la France armée pour la bonne cause. Tout récemment encore elle a contribué à fournir plus de 37 milliards pour chasser l'étranger.

Grand, noble, fort a été et sera le rôle de la spéculation que Troplong qualifie à juste titre le *soutien nécessaire du crédit français*. « Que deviendrait notre crédit, dit l'éminent magistrat (1), si l'on cantonnait les opérations de la Bourse dans les marchés au comptant et si l'on chassait la spéculation qu'il ne faut pas confondre avec le jeu? Les marchés à terme faits de bonne foi et dans une intention sérieuse sont licites. Ils sont l'œuvre de spéculations légitimes qui rentrent dans les données élémentaires du commerce. Ils sont utiles à l'Etat dont ils maintiennent le crédit par une lutte incessante entre la hausse et la baisse, lutte qui balance les chances de la fortune et préserve les cours de brusques et redoutables oscillations. Ces marchés attirent les capitaux vers les effets publics; ils en font une marchandise dont la valeur s'accroît par la spéculation et prend un essor que les marchés au comptant sont incapables de donner.

(1) V. son éloquente préface du *Contrat de société*.

« Ecoutons aussi un homme politique et bien connu, M. Thiers : « Vous parlez, a-t-il écrit (1), de cet antre de jeu qu'on appelle la Bourse, où se forment et se détruisent si vite autrement que par le travail des fortunes colossales. Il en est quelquefois ainsi; mais ceux qui ne font qu'y paraître pour disparaître emportent rarement des trésors... La seule question est de savoir s'il peut y avoir dans ce lieu si mal famé un commerce légitime auquel la société permette d'appliquer sa peine et son temps. Mais y a-t-il un doute sérieux à concevoir? Ne faut-il pas que le gouvernement emprunte quand la limite de l'impôt est atteinte? Ne faut-il pas que par l'emprunt il rejette sur l'avenir des charges qui profiteront à l'avenir et que le présent ne peut plus supporter? Ne faut-il pas que les vastes entreprises destinées à changer la face du globe et qui exigent des capitaux immenses se divisent en petites parts qu'on appelle actions et soient mises à la portée de tous les capitalistes? Ne faut-il pas que ces parts divisées des emprunts ou des grandes entreprises se vendent et s'achètent dans un marché public comme toute marchandise? N'est-il pas indispensable que les spéculateurs, épiant les variations infinies de ces valeurs, accourent pour les acheter quand elles baissent et les relèvent ainsi de leur discrédit? Ces variations augmentent dans les temps difficiles et provoquent des jeux, de même que le blé, matière si respectable, devient dans les temps de disette l'objet de spéculations folles. Allez-vous, par ce motif, proscrire le commerce des grains?... N'est-ce pas le cas de tous les genres d'industrie ou de commerce? »

Pour conclure avec un économiste distingué, M. Horace Say (2) : « Un ministre des finances, sous quelque gouver-

(1) *De la propriété*.

(2) V. article Agent de change (*Dictionnaire d'économie politique*).

nement que ce soit, dans l'état actuel de l'Europe, a besoin de recourir souvent au crédit public ; il lui faut faire face à des déficits ; il a besoin d'entretenir une dette flottante plus ou moins considérable ; il doit toujours prévoir la nécessité où il peut arriver d'avoir à négocier de nouveaux emprunts. Pour tout cela, pour que des valeurs nouvelles puissent faire leur chemin dans le portefeuille des capitalistes, pour que des rentes aillent se classer, pour qu'elles arrivent à absorber les épargnes partielles du pays en allant représenter dans les mains des particuliers une partie de leur patrimoine, il faut un marché toujours ouvert, une bourse avec vente à la criée de rentes avec marchés à terme, avec reports d'un mois à l'autre, avec marchés à prime. Il faut une bourse vers laquelle, par l'appât de la spéculation, soient attirés les capitaux de toute l'Europe. »

Voilà une réponse péremptoire au langage des écrivains mal inspirés qui ne veulent voir dans la spéculation qu'un remue-ménage inutile, une activité sans résultats, sans d'autres résultats au moins que la ruine de quelques-uns au profit de quelques autres. Allons plus loin, touchons au côté sensible de la question. Laissons-nous entraîner sur le terrain de la moralité, où nos adversaires se trouvent à l'aise pour sonner la Saint-Barthélemy des marchés à terme.

Voyez, déclament-ils sur tous les tons, quel abîme que la Bourse ! C'est là que les fils de famille, les gentilshommes et les petits bourgeois viennent, dans un jour, dans une heure, perdre le patrimoine héréditaire, le capital amassé sou à sou par la sagesse paternelle, sans que rien puisse les arrêter, sans qu'il soit possible de rester sourd au bruit de l'or qui frétille et des écus qui dansent. C'est là que l'on oublie les lois heureuses de la prudence, quelquefois les premiers devoirs, laissant sur les degrés de la maison de jeu son honneur et sa réputation. C'est là que les malheurs de la patrie sont acceptés par une hausse de cinq francs. C'est là que le père de famille lui-même, au lieu d'assurer à sa femme et à ses enfants le revenu de son travail, s'en va, sur un coup de dés, aventurer les économies du passé et les ressources de l'avenir.

Ce sont là de grandes misères, nous le reconnaissons; il est triste de voir des hommes sacrifier à une cupidité malsaine les idées de probité et de dévouement que Dieu met dans les cœurs. Mais n'exagérons rien; ces désordres si graves que l'on déplore ne constituent après tout qu'un manquement exceptionnel à des obligations individuelles, insuffisant pour motiver l'exil des marchés à terme. « Autant vaudrait alors, selon les expressions énergiques de M. Worms (1), par des raisons identiques proscrire la fabrication des armes, lesquelles pourraient servir à consommer un crime ou à blesser un imprudent! Sans doute, on peut et il faut même faire des vœux pour que la société se moralise..... Mais songe-t-on où mènerait le souci exagéré de la moralité de chaque citoyen? Tout droit au retranchement de ce qui peut la compromettre, de tout ce qui peut déterminer en elle le plus léger écart? Il faudrait donc naturellement lui sacrifier les marchés à terme sur les valeurs de bourse, comme l'a fait la législation existante, et pour être conséquent, il faudrait lui sacrifier aussi les marchés à terme en toute matière, de même encore que les marchés au comptant, qui pour avoir tenté quelqu'un peuvent être cependant de fort mauvaises opérations..... »

Aussi des jurisconsultes sérieux tolèrent-ils d'une façon générale les marchés à terme, pour se rabattre sur le parti

(1) *Soc. par act. et opérat. de Bourse*, p. 523.

de la jurisprudence moderne. En conséquence, ce qu'il y a de préférable selon eux, c'est de juger avec chaque opération la question de moralité ; il convient de venir en aide à ceux-là seuls qui se sont aventurés dans les spéculations boursières auxquelles ils ne peuvent faire face en les dégageant de leurs obligations, en les mettant à l'abri de l'action des agents de change.

Mais n'est-ce pas là pour les tribunaux une appréciation des plus délicates, des plus difficiles, des plus inquisitoriales et souvent même impossible ? En voulant sauver la morale, scandalisée, pense-t-on, par la ruine de quelques pères de famille, on ne craint pas de l'outrager d'une façon bien autrement grave en offrant une prime au manquement de foi, en permettant au spéculateur téméraire qui tente la fortune, prêt à profiter de ses sourires aussi bien qu'à décliner ses disgrâces, de se retrancher au besoin derrière les dispositions légales qui refusent toute sanction aux opérations de jeu avec lesquelles on confond dès lors les marchés à terme intervenus.

« Un homme joue sur la rente, s'écriait à la Chambre, en 1833 (1), un représentant indigné, M. Garnier-Pagès, il n'a qu'un mot à dire : je ne paierai pas. Il y a donc en France, en présence du ministère public, des hommes qui n'ont qu'à dire : j'ai acheté d'un homme qui voulait livrer, je ne prendrai pas livraison ; la perte qui en doit être la conséquence, je ne la subirai pas : j'ai perdu, je ne paierai pas. — Savez-vous ce qui peut résulter d'un tel état de choses ? Un homme peut s'adresser à deux agents de change différents et dire à l'un : vous vendrez pour mon compte. Eh

(1) C'était à l'occasion d'une proposition (déposée le 1er février 1832 et modifiée par M. Harlé, le 26 janv. 1833), laquelle était hostile aux marchés à terme.

bien! cet homme qui a opéré en sens inverse sur la même quantité de rentes joue à coup sûr, car il acceptera l'opération qui se trouvera avantageuse, tandis qu'il refusera de payer la différence pour l'autre opération. » N'est-il pas vrai que tolérer cela, ce n'est pas moins que favoriser le fripon aux dépens de l'honnête homme?

Écoutons à son tour M. Jeannotte-Bozérian lorsqu'il répond à M. Coffinières (1), qui avait pris la défense des pères de famille : « Pour qu'ils fussent dignes de l'intérêt qu'il (M. Coffinières) essayait d'inspirer en leur faveur, il faudrait prouver que beaucoup ne sont pas plus adroits que les adroits spéculateurs que l'on accuse; il faudrait prouver qu'au lieu de se laisser entraîner dans l'abîme, ils ne s'y précipitent pas par eux-mêmes. Que si, dans les opérations qui ont occasionné leur ruine, leur volonté n'a pas été libre, leur consentement a été surpris, s'ils ont été en butte au dol et à la fraude, la loi ne les laisse pas sans défense : « Il n'y a point de consentement valable, dit l'art. 1109, C. N., s'il n'a été donné que par erreur ou s'il a été extorqué par violence ou surpris par dol. » Ils pourront invoquer l'art. 1109. Si ce moyen suprême leur échappe, pourquoi seraient-ils mieux traités que les pères de famille qui, dans les spéculations aventureuses ou folles du commerce et de l'industrie, engloutissent avec leur patrimoine celui de leur femme et de leurs enfants? Pourquoi surtout, pour les sauver du naufrage, risquer de précipiter dans l'abîme l'intermédiaire qui est sans doute coupable d'imprudence, mais qui au moins n'est pas coupable de mauvaise foi? »

Loin de condamner les formes nouvelles adoptées par l'industrie dans la poursuite du capital nécessaire à sa vie et

(1) V. son ouvrage de *la Bourse et de la spéculation sur les effets publics.*

à sa santé, concluons donc hautement en faveur de la spéculation.

Calomniés, les marchés à terme ont été la source vive et bonne des associations fécondes. En favorisant partiellement le développement de la spéculation, la jurisprudence en cours actuellement a permis à notre nation de réaliser un grand pas dans le chemin qui mène les peuples à la prospérité commerciale.

Pénétrons-nous plus avant de cet axiôme si sage d'un homme éminent (1) : « Sur la liberté se mesure la richesse d'un État. » S'il nous est permis d'exprimer un vœu, demandons en conséquence à ceux qui sont investis du mandat précieux de législateurs la liberté entière d'action et de mouvement sur le terrain de la spéculation. Voilà le résumé de notre programme. Nous consacrerons quelques lignes à le développer.

Ce que nous voulons, c'est *l'abrogation formelle des arrêts de 1724, 1785 et 1786*, dont le premier équivaut à l'interdiction des marchés à terme d'une façon générale et absolue, et les derniers à l'interdiction au moins des ventes à terme ; c'est *l'abrogation des dispositions des lois du 28 vendémiaire an IV* et *du 27 prairial an X*, dispositions desquelles on conclut à la nécessité du dépôt préalable des titres ou de l'argent à peine de nullité; *c'est encore l'abrogation de l'art. 86 du Code de commerce*, en ce qu'il interdit aux agents de change de recevoir ou de payer pour le compte de leurs commettants, ainsi que de l'art. 87 du même Code, qui leur interdit de se rendre garants des marchés dans lesquels ils s'entremettent; c'est *l'abrogation enfin des art. 421 et 422 du Code pénal,* attendu que ce que nous considérons comme licite, à savoir, vendre à dé-

(1) M. Villemain.

couvert, ne saurait se convertir en délit, et que l'exécution d'un engagement permis doit être assurée, non par une peine, mais par les sanctions attachées aux contrats de la même nature.

Or, la spéculation boursière se proposant des bénéfices résultant de la combinaison d'achats et ventes, et constituant ainsi un acte de commerce, ce que nous sollicitons logiquement du législateur, après qu'il aura proclamé la légitimité des marchés à terme, *quels qu'ils soient,* c'est qu'il applique au spéculateur la loi commerciale en le rendant justiciable des tribunaux consulaires, en le plaçant, au cas d'inexécution de ses engagements, sous le coup de l'état de faillite et de la banqueroute.

« Grâce à ces réformes, dit notre excellent maître, M. Worms, dont nous ne faisons que reproduire les vues développées par lui en 1867, dans son ouvrage couronné par l'Institut, *des Sociétés par actions et opérations de Bourse,* nous donnerons satisfaction aux exigences du crédit et du commerce, nous donnerons aussi de l'essor à une jurisprudence qui, pour être tolérante, ne sera pas pour cela illégale; nous mettrons d'accord le fait et la loi; nous détournerons de la législation amendée les reproches d'immoralité dirigés à juste titre contre la jurisprudence qui interprétait le plus fidèlement la législation existante; nous augmenterons la sécurité des agents de change, qui se montreront plus coulants sur tout ce qui concerne leur entremise, et du même coup aussi, en favorisant de la sorte les transactions légales, nous éloignerons du marché une tourbe de personnes improbes ou imprudentes, que la perspective d'une porte de derrière, que l'inexistence d'une sanction judiciaire et rigoureuse avaient jusque-là jetées à corps perdu dans la spéculation. »

E. DE LONGCHAMPS.

TABLE DES MATIÈRES

Du jeu à Rome.

DES BOURSES DE COMMERCE ET OPÉRATIONS DE BOURSE

EN FRANCE

POSITIONS.

DROIT ROMAIN.

I. — La gentilité tire, à mon avis, son origine du lieu qui unissait la famille du manumisseur à celle de son affranchi.

II. — L'existence de la servitude *stilicidii vel flaminis non recipiendi* repose sur cette idée qu'un propriétaire, en vue d'améliorer par l'humidité un terrain trop sec, a traité avec son voisin, afin que celui-ci renonce à arrêter sur sa propriété l'eau qui provient de l'égout de ses toits.

III. — Le propriétaire d'un champ permet à un ouvrier d'extraire de la pierre ou du sable; puis, les travaux commencés, il retire sa permission. — L'ouvrier qui a fait les premiers travaux aura l'action *de dolo* si la pierre n'est point encore extraite ou, au cas contraire, l'action en revendication.

IV. — Quel est le caractère des trois actions *familiæ erciscundæ*, *communi dividundo*, *finium regundorum*, et pourquoi étaient-elles dites mixtes *tam in rem quam in personam?* — Ces actions étaient personnelles; seulement Justinien les déclare mixtes *tam in rem quam in personam*, au point de vue de l'*adjudicatio* qui confère à l'arbitre le pouvoir de transférer la propriété et de créer un droit de créance en établissant une soulte.

DROIT FRANÇAIS.

CODE CIVIL.

I. — La parenté naturelle qui n'est point légalement établie ne fait pas obstacle au mariage.

II. — Il suffit que les ouvrages prévus par l'art. 642 et nécessaires à la prescription du droit sur une source voisine, aient été faits sur le fonds inférieur.

III. — Lorsqu'une succession s'ouvre entre enfants légitimes et naturels, il convient de considérer ceux-ci comme légitimes eux-mêmes et de ne leur accorder que le tiers de la part ainsi obtenue.

IV. — L'immeuble donné par un seul et même contrat, et sans désignation de parts au mari et à la femme, est propre pour moitié à chaque époux.

V. — Les dommages et intérêts qu'engendrent les délits du mari obligent la communauté sans récompense.

VI. — Lorsque le législateur dit dans l'art. 1589 que la promesse de vente vaut vente, il entend exprimer cette idée que l'intervention de la justice procurera le même résultat que si chaque partie avait, sans opposition, satisfait à la réalisation de ses engagements.

VII. — En dehors du jeu gymnastique, il est vrai de dire que le jeu n'engendre dans notre droit aucune obligation.

VIII. — L'action accordée au vendeur par l'art. 2102 (4°) n'est que la revendication du droit de rétention.

IX. — Le débiteur qui n'a pas de biens présents peut jouir du bénéfice de l'art. 2130.

CODE DE COMMERCE.

I. — Le Gouvernement n'a pas le droit de substituer, comme il l'a fait en 1856, une taxe d'entrée à la contribution réglementée par la loi du 28 ventôse an IX, pour l'entretien des bourses de commerce.

II. — Le bulletin délivré à un expéditeur par une entreprise de transports limite à une certaine somme la responsabilité de la Compagnie au cas de perte ou avaries des marchandises. — Nous ne pensons pas que la restriction soit valable.

CODE PÉNAL.

I. — L'art. 463, sur les circonstances atténuantes, ne s'applique aux délits prévus par des lois spéciales qu'autant que ces lois en autorisent formellement l'application.

DROIT ADMINISTRATIF.

I. — Que penser de la nomination des conseillers d'État par les membres de l'Assemblée nationale?

CODE DE PROCÉDURE.

I. — Une femme que son mari a autorisée *à suivre tel procès, à former telle demande*, a besoin d'être autorisée de nouveau pour ester en appel, lorsque l'affaire a été jugée en première instance.

Vu pour l'impression :
Le doyen,
Ed. BODIN.

Pour le Recteur en tournée :
L'Inspecteur délégué,
E. CARRIOT.

Typ. Oberthur et fils, à Rennes, imp. de l'Académie.